Lieblings-
plätze
DONAU
PASSAU – WIEN

# DONAU
## PASSAU – WIEN

ANDREAS M. BRÄU / ANDREAS SCHÖPS

Autoren und Verlag haben alle Informationen geprüft. Gleichwohl wissen wir, dass sich Gegebenheiten im Verlauf der Zeit ändern, daher erfolgen alle Angaben ohne Gewähr. Sollten Sie Feedback haben, bitte schreiben Sie uns! Über Ihre Rückmeldung zum Buch freuen sich Autoren und Verlag: lieblingsplaetze@gmeiner-verlag.de

Bildverzeichnis:
Sofern nicht im Folgenden gelistet, stammen alle Bilder von Andreas Schöps:
Tourismus Enns/Wolfgang Brunner 84

Quellenangabe:
Lieblingsplatz 52: Otto Julius Bierbaum: Eine empfindsame Reise im Automobil von Berlin nach Sorrent und zurück an den Rhein, München 1903.

Besuchen Sie uns im Internet:
www.gmeiner-verlag.de

1. Auflage 2020

Im Ehnried 5, 88605 Meßkirch
Telefon 07575/2095-0
info@gmeiner-verlag.de


Lektorat/Redaktion: Ricarda Dück
Herstellung: Mirjam Hecht
Umschlaggestaltung: Benjamin Arnold
unter Verwendung der Illustrationen von © paullouis – stock.adobe.com; © ratkom – stock.adobe.com; © SimpLine – stock.adobe.com; © FUGE Freiburg – stock.adobe.com; © Katrin Lahmer; © Benjamin Arnold
Kartendesign: © Maps4News.com/HERE
Druck: AZ Druck und Datentechnik GmbH, Kempten
Printed in Germany
ISBN 978-3-8392-2615-5

# GESCHICHTE EINER ALTEN DAME

## Eine Biografie der Donau

Die Griechen fuhren sie hinauf, Kaiserin Sisi fuhr sie hinunter. Als Handelsstraße diente die Donau, an deren Ufern Metropolen wie Budapest oder Wien heranwuchsen, seit der Antike. Länger noch schlängelt sich der Strom durch Europa, durch zehn Länder und über 2.850 Kilometer hinweg. Dabei ist er einzigartig in seinem Verlauf von Westen nach Osten. Über den Ursprung der kurvigen alten Dame wurde lange gestritten, kann man doch an ihrem Geburtsort bei Donaueschingen im Schwarzwald nicht vermuten, welch breiten Lauf sie bis ins Schwarze Meer nimmt. Zwar kürzer, dafür wasserreicher, konkurriert sie lediglich mit der Wolga um den Spitzenplatz unter den größten Flüssen Europas.

Ebenso streiten sich die Historiker über die Namensväter der damals noch jüngeren Dame: Die Kelten bezeichneten sie als »tiefes, doppeltes Wasser« (Dona-aw/Do-aav), bei den Römern war sie männlich und ein Flussgott (Danubius), und die Engländer nennen sie schlichtweg »Bach« (Danube). Dass dieser Bach bis nach Wien reicht und Johann Strauss' Walzer nicht *Am schönen blauen Inn* heißt, obwohl dieser ab dem Zusammenfluss in Passau mehr Wasser zuströmt, ist im Übrigen nur der musikalischen Tradition zu verdanken.

Nicht nur Menschen, auch Flüsse schreiben Geschichte. Bereits im 7. Jahrhundert vor Christus segelten die Griechen die Donau hinauf, die bei ihnen den Namen Istros trug, um ihre Flanken zu erobern. Für ihre historischen Nachfolger, die Römer, markierte der Fluss die Grenze zum Barbarenland. Schon sie bestaunten die spektakuläre Kurve der Schlögener Schlinge, wo sie ein Kastell errichteten, um die Feinde abzuwehren. Diese obsiegten jedoch, das römische Reich wurde flussabwärts zurückgedrängt und ging schließlich unter. Während der Völkerwanderung zogen Germanen und Slawen an die Ufer. Im Mittelalter nutzten die Kreuzfahrer die Donau ab Regensburg für ihre kriegerischen Expeditionen ins Heilige Land. Doch das Blatt wendete sich. Schließlich standen die Türken vor Wien und kämpften an der Donauscheide gegen die Österreicher. Die Habsburger verteidigten ihr Land am Strom, später ebenso gegen Napoleon, und blieben die Donauherrscher von Passau bis Belgrad. An der Ländergrenze konnte deshalb 1853 eine prominente bayerische

Braut ihrem königlich-kaiserlichen Franzl übergeben werden. Damit war Sisi bereits eine frühe Touristin der Donaudampfschifffahrtsgesellschaft nach Wien, wo sie zur österreichischen Kaiserin via Heirat aufstieg. Oft genug floh sie jedoch wieder flussaufwärts zurück in die Heimat, havarierte sogar einmal bei der Insel Wörth nahe Grein und folgte der Donau entlang weiter ins geliebte Ungarn.

Auch nach der Industrialisierung blieb der Fluss wichtiger Handelsweg sowie umstrittener und taktischer Wendepunkt. Heute dient die Donau Österreich zudem zur nachhaltigen Stromgewinnung, was die vielen Kraftwerke für erneuerbare Energie bezeugen. Der Mensch verpasste der Donau Begradigungen und Verbreiterungen für schwere Kutter und Lastenkähne. Dem Menschen aber brachte die Donau weiterhin eine Vielzahl an Unglücken. Eisstöße und Überschwemmungen ereilten die Donaustädte wie Passau bis in die jüngste Vergangenheit immer wieder. Seit der Regierungszeit Ludwigs I. von Bayern sollten Maßnahmen dagegen Abhilfe schaffen. Dabei war der natürliche Flussverlauf, insbesondere auf der heutigen österreichischen Seite, schon im Mittelalter als zentraler Handelsweg durch Europa nutzbar. Der Main-Donau-Kanal wiederum schaffte 1992 eine als Europakanal bekannte Verbindung zwischen dem Schwarzen Meer und der Nordsee. Noch 1999 wurden daher im Jugoslawienkrieg Donaubrücken aus taktischen Gründen bombardiert. Doch seit Kriegsende können entlang der Donau wieder friedliche Töne angeschlagen werden.

Bereits 1867 verwandelte Johann Strauss den legendären Fluss in legendäre Musik. Sein Donauwalzer erklingt nicht nur jedes Jahr zum Abschluss des Neujahrskonzertes im Wiener Musikverein, sondern seit nunmehr über 150 Jahren flussauf und flussab. Diesem Ruf sind wir gefolgt und entlang der Donau gefahren, geradelt, geschippert, marschiert und flaniert. Herrschaftliche Stifte, lauschige Weinlauben, Felsenkuppeln, Schlösser, Burgen und Museen wissen ebenso zu begeistern wie die vielfältige Natur, Kultur und Kulinarik. Wir porträtieren für Sie unsere Lieblingsplätze voller Freude zwischen Veltlinerseligkeit, Mostviertel, Wachauer Spezialitäten und bayerischer Gemütlichkeit. Im Dreivierteltakt wollen wir Sie auf eine besondere Reise entlang der »schönen blauen Donau« mitnehmen.

Schlögener Schlinge im
Oberen Donautal

## 1

**Donaukreuzfahrten Passau–Wien**

Startpunkt: Bayernhafen Passau
Industriestraße 14
D-94036 Passau
Empfohlener Anbieter:
www.nicko-cruises.de

# GEMÄCHLICH DEN STROM ENTLANG

## Flusskreuzfahrten auf der Donau ab Bayernhafen

Einst reiste die gehobene Gesellschaft auf Salondampfschiffen mit klingenden Namen wie *Kronprinz Rudolph*. Heute liegen Wortneuschöpfungen wie *Amadeus Queen* oder *Avalon Panorama* im Trend. Genauso wie Flusskreuzfahrten. Das lässt sich allein an der Zahl der Schiffe an den Anlegestellen entlang der Donau ablesen.

Das Publikum aus aller Welt genießt die komfortable Art des Reisens. Im Salon oder am Sonnendeck sitzend, zieht die Landschaft gemächlich an einem vorbei, beim Aufstehen ist man bereits wohl vertäut in Wien und kann die Stadt erkunden. Die Aussichten an Bord der kleineren oder recht massigen Flusskreuzer sind tatsächlich erstaunlich. Durchfährt man bei leiser Jazzmusik das nächtliche Linz mit seinen leuchtenden modernen Fassaden, passiert man die Ruine Dürnstein an der Reling stehend oder nähert sich auf dem Wasser den zahlreichen Stiften an Land, dann erlebt man die Donau inmitten ihren Schönheit und zugleich von einer neuen Seite. Bordprogramm, Reiseleitung und Kulinarik sind zumeist perfekt auf das Publikum abgestimmt. Bei Eisparade und Kapitänsdinner werden Traumschiffmomente lebendig. Samt Feuerwerk und Livemusik.

Wie in anderen Städten liegen auch in Passau am Bayernhafen zahlreiche Flusskreuzer. Kleinere sind sicherlich den Donauriesen vorzuziehen. Mittlerweile gibt es eine Vielzahl an Anbietern mit unterschiedlichen Routen, sei es ein viertägiger Kurztrip von Passau nach Wien und zurück oder eine Kreuzfahrt die Donau entlang bis ans Schwarze Meer. Wien und Melk stehen quasi immer mit Landgang auf dem Programm, die Umgebung wird bei Busausflügen oder auch individuell erkundet. Doch auch wer gerne an Bord verweilt und nach alter Manier im Salon einer Donau(dampf)schifffahrtsgesellschaft Platz nimmt, erlebt den Zauber vergangener Reisezeiten und aktuellem Kreuzfahrtentertainment.

Diverse Anbieter ermöglichen Donaukreuzfahrten. Wir erlebten eine gemütliche Kreuzfahrt auf der *MS Bellissima* von *Nicko Cruises*.

2
Donauradweg
Passau–Wien
Startpunkt: Domplatz
D-94032 Passau
www.donau-radweg.info
Empfohlener Radverleiher:
Zweirad Würdinger
Regensburger Straße 22
D-94036 Passau
+49 (0)851 6346
www.wuerdinger.de

# STRAMPELND DEN STROM ENTLANG

## Donauradweg ab dem Domplatz

Der Star unter den Fahrradrouten von Passau bis Wien ist unbestritten der Donauradweg. 320 Kilometer führt er zumeist direkt am Ufer des Stroms entlang und ist die Hauptverkehrsader für Radtouristen. Dank moderner E-Bikes und dem Ausbau der durchwegs flach und angenehm befahrbaren Strecke ist dieser Fernradweg bei Jung und Alt beliebt. Die Zahl der Donauradfahrer nimmt wie die der Donaukreuzfahrer stetig zu.

Viel sieht und erlebt man auf zwei Reifen. Freilich spürt man die Anstrengung in den Beinen und öfter noch im Hintern, wenn man am vierten oder fünften Tag wieder auf den Drahtesel steigt. Müde sind die Beine am Abend, wenn man nach 70 oder 80 Kilometern die Knochen streckt. Aber man hat sich einen neuen Ort, eine neue Etappe, eine neue Erfahrung erradelt. Wenn man in der Dämmerung in Grein oder im beleuchteten Linz ankommt, löst das Geschaffte Glücksgefühle aus. Alles, was man braucht, ist wenig und in Satteltaschen verstaut. Gewaschen wird in der Pension, auf unnötigen Tand verzichtet man, muss man doch alles mit Muskel- oder Elektrokraft mit sich führen.

Beliebt ist die Tour in vier bis acht Tagen, je nachdem wie viele Lieblingsplätze samt Einkehrpausen man entlang der Route besuchen möchte und wie lange. Dank Zug, Fernbus oder Radrücknahme in Wien kann man die Strecke nur in eine Richtung abfahren. Die Orientierung ist zudem einfach: den Fluss entlang, über Brücke oder Fähre von Ufer zu Ufer. Und wann immer ein Stift, ein Gasthaus oder ein Weinberg lockt, wird abgesattelt. Von der Innstadt über das Mostviertel in die Wachau und den Wienerwald gibt es viel zu strampeln, noch mehr zu entdecken und am meisten zu genießen.

Diverse Anbieter und Radverleiher bieten teils Gepäckmitnahme oder Rücktransport der Räder. Wir wurden von *Rad Würdinger* in Passau mit tollem Service und Material unterstützt.

8

**Dom St. Stephan Passau**
Domplatz
D-94032 Passau
+49 (0)851 3930
www.bistum-passau.de/
dom-st-stephan

## VON DOM …

### Dom St. Stephan

… zu Dom. Viele Reisende folgen der Donau flussabwärts von Passau nach Wien mit dem Schiff oder Fahrrad, und auch wir radelten von St. Stephan zum »Steffl«, von der Dreiflüssestadt in die österreichische Hauptstadt.

Als Ausgangspunkt für die Tour bietet sich der Passauer Domplatz mit dem Wahrzeichen der Stadt an, die Kirche mit den drei in grünlicher Patina schimmernden Hauben. Die beiden Turmuhren geben die Startzeit an, die Statue vom ersten bayerischen Monarchen Max Joseph gibt mit ausgestreckter Hand das Startsignal, und los geht die Reise. Dabei wäre es falsch, nicht zuerst den von außen wie von innen bestechenden Dom zu besichtigen. Wie viele Sakralbauten in Bayern zeugt er mit ehemals romanischen und gotischen Anteilen bis zur Barockisierung 1668 von den unterschiedlichen Architekturepochen. Vorgängerbauten sind bis in das Jahr 450 nachzuvollziehen.

Von barocker Pracht kündet vor allem der farbenprächtige Innenraum mit dem Freskenprogramm und der vergoldeten Kanzel, der als Kontrapunkt zur schmucken weißen Außenfassade steht. Rekordhalter ist die Orgel, das weltweit größte Kircheninstrument seiner Art, das bis heute Zuhörer aus aller Welt zum Konzert bittet. Die Orgel besteht aus fünf getrennt errichteten Klangkörpern, die der Organist vom Haupttisch aus mit einiger Geschicklichkeit gemeinsam zum Klingen bringt. Für den Effekt stehen ihm 17.974 Pfeifen von sechs Millimetern bis elf Metern Größe zur Verfügung. Musikalisch wie baulich strebt alles nach oben gen Kirchenhimmel.

Ein letzter Blick auf die Kuppeln und den Passauer Himmel soll auf diese Reise zu den Lieblingsplätzen entlang der Donau einstimmen, die am Stephansdom in Wien ihr Ziel findet.

Am 2. Mai beginnt die Saison der Orgelkonzerte. In rund 30 Minuten entfaltet das weltberühmte Kircheninstrument auf einer Reise durch die Musikgeschichte seinen einzigartigen Klang.

# 4

**Residenzplatz**
D-94032 Passau

**Altstadt Beisl Passau**
Residenzplatz 7
D-94032 Passau
+49 (0)851 4909090

# FLUSSENGERL BEIM BADEN BEOBACHTEN

## Residenzplatz mit Altstadt Beisl

Sie machen den Charme einer Stadt aus: die kleinen Oasen, die ruhigen Plätze, die Orte voller Schönheit inmitten der Jahrhunderte gewachsenen und überdauernden Altstadt. Orte wie der Residenzplatz hinter dem Stephansdom in Passau, der sich im Schatten der Kirche bis zur Zinngießergasse zieht. Er beherbergt den herrlich plätschernden Wittelsbacher Brunnen von Jakob Bradl, in dem im Sommer die Stadttauben baden oder Kinderfüße zur Erfrischung abtauchen. Wohltuend ruhig ist es, wenn nicht gerade der Stadtbus lautstark übers altgediente Pflaster brettert. Schön ist zudem die Aussicht bis zur Veste Oberhaus.

Der Name des Platzes geht auf die alte und neue bischöfliche Residenz von Passau zurück, wo die Domherren in direkter Nähe zu ihrem Wirkungsort heute noch wohnen. Dass sie allerdings nicht mehr unabhängig regieren, sondern die Stadt seit 1806 zu Bayern gehört, daran erinnert der Wittelsbacher Brunnen. Schützend thront darauf Maria, dargestellt als Patrona Bavaria, darunter drei Flussengerl, die passend zu Passau Donau, Ilz und Inn repräsentieren. Vielleicht stellte das bayerische Adelshaus Wittelsbach diesen Brunnen auch als Demonstration seines Herrschaftsanspruchs an die prominente Stelle vor die Nase der Bischöfe.

Heute genießen die Bürger und Besucher der Dreiflüssestadt Mußestunden auf dem Platz samt Wasserspiel. Cafés und alteingesessene Läden locken zu genussvollen Intermezzi, und gleich ums Eck lädt das berühmte *Altstadt Beisl* zum Weißwurstfrühstück mit Passauer Löwenbräu-Bier. Damit ist man wahrlich im bayerischen Paradies angekommen: zwischen Bischöfen, Wittelsbachern, Flussengerln und Stadttauben, am Residenzplatz in Passau.

Zur Weihnachtszeit wird der Brunnen mit Latschen abgedeckt und zu einem überdimensionalen Adventskranz umfunktioniert, an dem man die Tage bis zum Heiligen Abend ablesen kann.

5
ScharfrichterHaus Passau
Milchgasse 2
D-94032 Passau
+49 (0)851 35900
www.scharfrichterhaus.de

# DAS BEIL SCHWINGEN LASSEN

## Kleinkunstbühne und Restaurant *ScharfrichterHaus*

Im Mittelalter wurde der Vollstrecker der Todesstrafe gemeinhin als Scharfrichter bezeichnet. Wer nun aber befürchtet, im *Scharfrichter-Haus* in der Passauer Milchgasse würden noch die barbarischen Gerichtsgepflogenheiten vergangener Zeiten ausgeübt, der liegt natürlich falsch. Ein bisserl zumindest. Denn um einen Kopf kürzer wird tatsächlich so mancher gemacht, besonders gern, wenn es ein Politiker ist. Das *ScharfrichterHaus* ist eine weit über Passau bekannte Adresse für Kleinkunst, Theater und Musik und ein prominenter Ort für alle Formen des politischen Kabaretts.

Seit der Eröffnung 1977 – damals noch mit immensem konservativen Gegenwind der »Dreifaltigkeit aus CSU, Regionalzeitung und Kirche«, wie die Gründer ihre Kritiker nannten – gibt sich in der Milchgasse das »Who is Who« des deutschsprachigen politischen Kabaretts die Ehre: von Ottfried Fischer über Bruno Jonas und Siggi Zimmerschied bis hin zu Luise Kinseher, Günter Grünwald und Urban Priol. Im Schatten von Dom und Rathaus muss man heute kein Blatt mehr vor den Mund nehmen, wenn es um eine humorvolle, geistreiche kritische Auseinandersetzung mit dem aktuellen Zeitgeschehen geht. Sehr zur Freude der Passauer, die »ihr« *ScharfrichterHaus* mittlerweile zu schätzen wissen.

Dem Gedanken milder Gerichtsbarkeit zum Trotze wird das mannshohe *ScharfrichterBeil* in einem der ältesten Gebäude der Stadt weiter geschwungen. Zumindest einmal jährlich, wenn diese renommierte Auszeichnung dem Sieger der Passauer Kabaretttage feierlich überreicht wird. Wie bedeutsam dieser Preis ist, mag die einzigartige Karriere des ersten Preisträgers von 1983, Hape Kerkeling, verdeutlichen, die eben hier begann.

Verbinden Sie Ihren Besuch im *ScharfrichterHaus* mit einer feinen kulinarischen Stärkung oder einem gepflegten Absacker im angeschlossenen Restaurant.

**6**

**Weingut Passau**
Theresienstraße 28
D-94032 Passau
+49 (0)851 37930500
www.weingut-passau.de

# IN KULINARISCHEN WELTEN WANDERN

Weingut Passau

Immer wenn es etwas Besonderes zu feiern gibt, gönnen sich Lena und Ben eine kulinarische Reise nach Passau. Im Weingut in der Theresienstraße schmecken all die exzellenten Rebsäfte exquisit, die weiter flussabwärts an der österreichischen Donau reifen. Sommelier und Spitzenkoch Stephan Öller hat ein stilvolles Lokal geschaffen, in dem sich (fast) alles um den vergorenen Traubensaft dreht und das er selbst als »Schnittstelle zwischen Vinothek, Weinbar und Bistro« beschreibt. Spitzenprodukte kaufen, verkosten oder zusammen mit einem hervorragenden Essen genießen – im Passauer Weingut bleibt kein Wunsch offen. Ganz nach dem Credo Stephan Öllers: »Das Leben ist viel zu kurz für schlechten Wein.«

Das Sortiment kann sich sehen lassen und umfasst rund 200 Weiß- und Rotweine sowie Rosés aus Europa und renommierten internationalen Anbaugebieten. Auch andere Gaumenfreuden kommen nicht zu kurz: Die Speisekarte enthält ausgesuchte Köstlichkeiten, die vom feinen karamellisierten Ziegenfrischkäse, der leckeren Apfel-Krenschaumsuppe und dem berühmten »Weingut Sushi Tower« über zarte, rosa gebratene Lammnüsschen und Premium-Roastbeef mit mediterranen Ofenkartoffeln bis hin zum belgischen Schokokuchen mit flüssigem Kern reichen. Herausragend ist zudem die Qualität des Service, der an Kompetenz, Schnelligkeit und Freundlichkeit keinerlei Wünsche offenlässt.

Ob man sich nun wie Ben mit wissenschaftlicher Akribie erklären lässt, wann welcher Wein wie und wo bei welcher Temperatur in welchem Glas getrunken werden sollte, oder wie Lena einfach nur die Augen schließt und genießt – einen besseren Einstieg in die kulinarische Erkundung der Donau als einen Abend im Weingut gibt es nicht!

Sie sind auf der Suche nach einem besonderen kulinarischen Geschenk? Die *Weingut Genießerkörbe* mit Variationen von Wein, Essig, Ölen, Pasta und Gewürzen treffen einen jeden Geschmack.

7

Panorama von der
**Veste Oberhaus**
Oberhausmuseum
Oberhaus 125
D-94034 Passau
+49 (0)851 396800
www.oberhausmuseum.de

**Das Oberhaus**
Restaurant und Café
Oberhaus 1
D-94034 Passau
+49 (0)851 37930657
www.dasoberhaus.com

# DREIKLANG VOM PANORAMA

## Veste Oberhaus mit Restaurant

Wie im Märchen spielt an diesem Platz die Zahl drei eine entscheidende Rolle, und märchenhaft geht es zu, samt sagenhafter Aussicht, Rittern und Burgen. Die Veste Oberhaus bietet das spektakulärste Panorama über Passau.

Der gewaltige Dom thront auf seinem fragilen Sporn am Flüssedreieck, als würde er die Stadt komplett einnehmen. Dreierlei Chancen zu diesem Ausblick bieten sich. Auf der frei zugänglichen Aussichtsterrasse samt nostalgischem Infosprecher, Fernrohr und Ruhebänkchen ist er umsonst. Auf dem Burgturm des Museums der Veste Oberhaus steht man etwas höher. Gemütlich sitzt es sich hingegen auf der Panoramaterrasse des Restaurants Oberhaus beim hauseigenen Messwein. Der Weitblick wiederum bietet dreimal drei – klar, immerhin sind wir in der Dreiflüssestadt: Vom Lokal schaut man hinunter auf die blaue Donau, den grünen Inn und die schwarze Ilz, die ab der Stadtspitze gemeinsam gen Österreich fließen. Drei Farben, drei Flecken mit Aussicht: Bank, Burg oder Berglokal.

Kinder genießen auf der Veste entsprechend den spektakulärsten Spielplatz von Passau, wobei für sie die Aussicht sicherlich weniger interessant ist als Rutsche und Schaukel. Das Museum bietet zudem eine interessante Sammlung zur Stadtgeschichte mit dem Mittelalter als Schwerpunkt. Außerdem laden die gotischen Fresken der Georgskapelle, die Sternwarte und das Haus der Jugend zum Besuch ein.

Die Veste bietet viel – fast schon zu viel. Denn sitzt man an einem Herbstnachmittag über dem goldenen Laubwald in der Sonne, blickt über die Altstadt und hört das Glockenspiel vom Rathaus leise herüberklingen, reicht eigentlich schon einer der zahlreichen Dreiklänge für einen märchenhaften Ausflug hoch über Passau.

Die hier oben gelegene Jugendherberge bietet eine günstige und aussichtssatte Alternative zu den Stadthotels in Passau (www.passau.jugendherberge.de).

8

**Donaustrand Innstadt**
Am Radweg auf Höhe des
Rosenauer Wegs 10
D-94032 Passau

# TREIBEN LASSEN

## Donaustrand Innstadt

»Grillen, chillen, Kasten killen.« So lautet nicht nur die Devise der Passauer Jugend an lauen Sommerabenden. Doch Studentin Lisa hat sich heute entschieden, nur der zweiten Beschäftigung nachzugehen. Sie braucht keinen Kasten und keinen Grill. Lisa nimmt sich ein Buch mit und eine Decke. Das reicht. Wie so oft besucht sie den Kiesstrand an der Donau in der Innstadt. Er ist nicht nur der ideale Fleck für die Jugend und ihr Freizeitcredo, sondern bietet zudem einen herrlichen Blick auf die Veste Oberhaus wie auf die Altstadt mit dem Dreiflüsseeck. Wenn dort im Sommer Konzerte gegeben werden, trägt das Wasser die Musik bis an diesen Ort.

Lisa bettet sich in den Schatten einer Silberweide und liest. Von Zeit zu Zeit wird ihre Aufmerksamkeit von einem der vielen vorbeiziehenden Schiffe auf sich gezogen. Dann legt sie das Buch beiseite, beobachtet die Kreuzfahrtriesen, die Frachter oder streckt die Füße kurz ins vom Kies aufgeschüttete Planschbecken. Herrlich.

Tagsüber pausieren an dem idyllischen Platz Wanderer und Radler auf ihrem Weg nach Österreich und werfen einen letzten Blick auf Passau, bevor es über die Grenze geht. Abends nutzen viele die rechte Donauseite an der Innstadt für ein gemütliches Beisammensein, gerne mit Gitarre und Tanz am Wasser. Die Stimmung im rötlichen Schein der untergehenden Sonne, vor der Kulisse des Doms und der Passauer Dächer, ist bestechend. Zudem erreicht man den Donaustrand von der Stadt aus schnell über die Marien- oder Innbrücke.

Wenn sich der Donaustrand an lauen Sommernächten zum Tummelplatz für Studenten und Anhänger von Lagerfeuerromantik verwandelt, wird »gegrillt, gechillt, der Kasten gekillt«. Ob Lisa so lange ausharrt oder nach der Lektüre heimkehrt? Sie wird sich treiben lassen, wie am Donaustrand alles von allein dahinplätschert. Wie das Wasser.

Kommt man aus der Passauer Altstadt über die Marienbrücke in die Innstadt, erreicht man vor dem Donaustrand den Kirchplatz mit netten Cafés als ruhige Alternative zum Passauer Gewusel.

9

**Café-Restaurant Blaas – Passaublick**
Hinding 38
A-4785 Freinberg
+43 (0)7713 8107
www.restaurant-blaas.at

## NICHT NUR AUSSICHT TANKEN

### Café-Restaurant Blaas am Passaublick

Die Passauer kommen oft auf einen Sprung vorbei. Denn freilich fahren sie über die österreichische Grenze, um ihren Wagen günstig vollzutanken. Die Zweckmäßigkeit verbinden sie allerdings gerne mit dem Angenehmen: einer Einkehr beim *Blaas* am Passaublick.

Diese lohnt sich auch bei vollem Tank, schon allein wegen des namensgebenden Panoramas. Nach einer kurzen Fahrt die Serpentinen bergauf Richtung Hinding hat man die richtige Höhe für eine bestechende Aussicht über die Dreiflüssestadt und die Donau erreicht. In abgeschiedener Ruhe schauen die Freinberger über mit gelben Blüten übersäte Wiesen nach Deutschland hinüber. Wenn einmal im Jahr das große Feuerwerkspektakel an der Donau stattfindet, sind die Plätze am Passaublick besonders beliebt. Auch der alltägliche Sonnenuntergang lockt Passanten zum Café-Restaurant.

Mit großzügigen Öffnungszeiten von 8.30 bis 24 Uhr kann man hier ohnehin jede Mahlzeit des Tages einnehmen. Und das sollte man tun, denn auf der Aussichtsterrasse lässt es sich ausladend österreichisch schmausen. Schnitzel und Cordon bleu werden immer serviert, doch die Tageskarte verspricht typischere regionale Gerichte, auch zur Wildsaison im Herbst. Die Spezialität des Hauses aber sind Palatschinken. Die Auswahl fällt nicht leicht, füllt das Angebot doch zwei Seiten der Speisekarte. Es reicht vom direkt am Tisch flambierten Pfannkuchen über Eisbombe mit Früchten bis zu pikanten Varianten. Der Service ist bei der Entscheidung gerne behilflich, zugleich entspannt und freundlich.

Die Stimmung ist gemütlich, die Küche gut bürgerlich, das Panorama gigantisch. Da kommen einige Dinge zusammen, die das *Blaas* zu einem besonderen Lieblingsplatz machen. Es wäre eine Verschwendung, nur für einen Tankstopp vorbeizuschauen und nicht für mindestens einen Palatschinken und für einen Ausblick zu verweilen. Das Panorama gibt es zudem gratis dazu.

Dank der Öffnungszeiten nutzen viele Besucher und frühe Vögel die Chance auf ein deftiges Frühstück auf der Sonnenterrasse, bevor ein Ausflug nach Deutschland oder weiter die Donau entlang ins Österreichische führt.

10

**Statue Johann Nepomuk**
In der Donaukurve an der Nibelungenstraße
Zwischen Hinding und Pyrawang

# Beistand vom Flussheiligen

## Johannes-Nepomuk-Statue in der Donaukurve bei Pyrawang

In einer Donaukurve an der Nibelungen Straße zwischen Hinding und Pyrawang steht er andächtig seit 1957. Gekrönt und im Messgewand hält er das Kreuz in die Höhe und beschützt das Wasser und alle, die darauf fahren. Johann Nepomuk begegnet man an vielen Stellen entlang der Donau. Er gilt als Fluss- und Brückenheiliger.

Nachdem der böhmische Priester sich eisern an das Beichtgeheimnis hielt und dem König Wenzel IV. nicht verriet, was dessen Frau ihm anvertraut hatte, wurde er 1393 in Prag ertränkt. Seit seiner Heiligsprechung 1729 ist der Märtyrer daher Schutzpatron für Fischer und Schiffer.

Mancher Radler macht sich den Spaß und zählt die Nepomukstatuen auf den Brücken und am Ufer entlang der Donau. Eine höhere zweistellige Ziffer kommt dabei sicher zusammen. Allerdings bei jedem eine andere, so zahlreich sind die Heiligendenkmäler. An diesem Lieblingsplatz an der Donaukurve verfügt Nepomuk über einen geschützten Standort und einen guten Überblick über seinen Fluss. Neben dem Monument steht eine kleine grüne Bank, die von Fahrradfahrern gerne als erster Stopp nach der Abfahrt in Passau genutzt wird. Die Beine zur Rast auf der Steinmauer abgelegt, genießen sie die Aussicht auf den Fluss. Sportliche erklimmen die auf der Höhe gelegene Burgruine Königstein, die wie der Heilige die Schifffahrt bewachen sollte.

Sein Schutz umfasste leider nicht zwei Zollbeamte, die auf der angrenzenden Straße 1978 auf tragische Weise verstarben. Bei einer Verfolgungsjagd mit zwei Wiener Berufsverbrechern kam es zu einer Schießerei, bei der Johann Haas und Josef Kaspar getötet wurden. Zu ihren Ehren ist auf der gegenüberliegenden Straßenseite ein kleiner Gedenkstein errichtet. Die Mörder wurden kurz darauf gefasst, der einstige Grenzübergang existiert nicht mehr. Doch Johann Nepomuk hält heute noch Wache über den Fluss und alles, was sich darauf bewegt.

Dem Brückenheiligen begegnet man regelmäßig an der Donau und erkennt ihn meist an dem erhobenen Kreuz und seinem Messgewand. Eine kunstfertige Nepomukstatute steht an der Promenade in Aschach.

11

**Donauleiten zwischen Passau und Jochenstein**
Abschnitt bei Pyrawang
Pyrawanger Bezirksstraße
A-4092 Esternberg

**Panoramablick Pyrawang**
Ausgeschildert ab der Panoramastraße an der Donau
A-4092 Esternberg
www.esternberg.at

# VON ANGLERN, FISCHEN UND WASSER

## Donauleiten zwischen Passau und Jochenstein

»Leider«, sagt Angler Thilo, »leider, leider ist zwischen den Fischen immer so viel Wasser.« Um diese Schwierigkeiten zu überwinden, braucht er einen guten Köder. Darum hat er sich an den Donauleiten positioniert, einem Naturschutzgebiet zwischen der Passauer Ilzstadt und Jochenstein. Hier wimmelt es – laut Thilos Aussage – von Grundeln und Rotaugen, den idealen Köderfischen für größere Fische, denen es später flussaufwärts bei Pyrawang an den Kragen gehen soll. Wallern, zum Beispiel, oder Aalen.

Die zwei Fischarten sind nur ein Teil der vielfältigen Flora und Fauna im, am und rund ums Wasser an den Donauleiten. 401 Hektar entlang des Flusses sind seit 1986 geschütztes Terrain für seltene Spezies wie die Äskulapnatter oder die Smaragdeidechse. Sie leben sicherer als ihre schwimmenden Nachbarn, denn die Donauleiten sind bei Anglern besonders beliebt. In diesem Abschnitt des Flussgebiets kann man außerdem ausgiebig wandern, freilich Rad fahren und auf geografische Entdeckungstour gehen.

Wie andernorts musste die Donau sich auch an dieser Stelle ihren Weg durchs Gestein suchen und zog den weicheren Schiefer dem härteren Gneis vor. Über Jahrtausende falteten sich dadurch steile Südhänge und Felsabstürze. Buchen- und Eichenwälder besiedelten später die Donauflanken. Mit dem Gehölz wuchs ein Lebensraum für eine Vielfalt an Pflanzen und Tieren. Zudem entstand ein – aus heutiger Sicht attraktiver – kurvenreicher Flusslauf. Diesem folgten von Menschenhand erschaffene Panoramawege, und es boten sich Buchten für Angler.

Trotzdem bleibt das Angeln an den Donauleiten ein Glücks- und Geduldsspiel, das davon abhängig ist, ob sich die als Grenzgänger bezeichneten Fischer für die österreichische oder deutsche Seite entscheiden. Schonfristen und Saisons unterscheiden sich. Anbeißen müssen die Fische aber überall. Und dann ist da ja noch all das lästige Wasser dazwischen.

Schnüren Sie die Wanderschuhe und machen Sie sich auf zum traumhaften *Panoramablick Pyrawang*, den sie in wenigen Minuten direkt von der Donau aus erreichen.

12

**Lido Obernzell**
Uferstraße
D-94130 Obernzell

**Schloss Obernzell mit Keramikmuseum**
Schlossplatz 2
D-94130 Obernzell
+49 (0)8591 1066
www.bayerisches-nationalmuseum.de

# Flanieren à la française

## Lido und Schloss

Von diesem Hochwasserschutz profitieren die Obernzeller auch bei Niedrigwasser. An der Donau wurde eine erhöhte Kaimauer aufgeschüttet, auf der ein Panoramaweg parallel zur Uferstraße über die gesamte Länge des Ortes entlangführt. Wer spaziert nicht gerne an diesem idyllischen Lido, der an die großen Strandpromenaden in Nizza oder Marseille erinnert?

Eine Pappelallee wurde auf dem Schutzwall gepflanzt, dahinter stehen die Fassaden im kleinen Donauort in Reih und Glied. Um genügend Abstand zum manchmal drohenden Wasser zu wahren, leisten sich die Häuser direkt hinter dem Damm breite Gärten, die Sicherheit und Schönheit zugleich bieten.

Doch was ist das? Ist etwa ein Schiff gestrandet? Nein, das künstliche Wrack an der Bootsanlegestelle dient allein der Ästhetik und als Kinderspielplatz. Während die Kleinen herumtollen, können die Eltern die faszinierenden Wasserspiegelungen in der Donau beobachten, die an dieser Stelle ruhig dahinfließt. Natürlich reizt auch die Uferpromenade in Obernzell, sie von der Wasserseite aus zu betrachten. Gerade im Abendlicht lohnt sich der Wechsel ans andere Donauufer, und mit der Rollfähre ist der Fluss schnell überquert.

Dabei soll Obernzell selbst nicht vergessen werden. Rund um den heiligen Florian am Marktplatz reihen sich Häuser in vornehmlich alter Bausubstanz bis hin zum Renaissanceschlösschen, an dessen Schmalseite eine weiß-blau hinterlegte Madonna auf die bayerischen Wurzeln der Gemeinde verweist. In diesem Wasserschloss residieren die Fürstbischöfe schon lange nicht mehr, stattdessen ist ein Keramikmuseum eingezogen. Am Schlossplatz lässt sich auch beim benachbarten Restaurant Al Castello Da Mario hinter dicken Mauern gemütlich einkehren. Danach flaniert man wieder zurück an die Donau, mit dem wohligen Gefühl, in einer bayerischen Enklave in Frankreich zu sein.

Das Keramikmuseum im fürstbischöflichen Schloss ist eine Außenstelle des Bayerischen Nationalmuseums und bietet freien Eintritt.

18

**Jochenstein**
Kraftwerk und Haus am Strom
Am Kraftwerk 4
D-94107 Untergriesbach
+49 (0)8591 912890
www.hausamstrom.de

# EIN ENERGIEZENTRUM UMWANDERN

Jochenstein mit Wasserkraftwerk und *Haus am Strom*

Wenn der Stutz mit seiner Merou auf Gassitour geht, dann sind sich Herr und Hund in einer Sache immer einig: Abwechslungsreich muss es sein, landschaftlich schön und am besten viele Entdeckungen bieten. Eine wunderbare Gelegenheit hierfür eröffnet sich am Jochenstein.

Das imposante Laufwasserkraftwerk, ein deutsch-österreichisches Gemeinschaftsprojekt mit 240 Meter langen Schleusen, wurde 1956 in Betrieb genommen. Die Anlage steht auf der Landesgrenze und versorgt mit ihren fünf Kaplanturbinen und einer jährlichen Leistung von 850 Millionen Kilowattstunden viele tausend Haushalte auf beiden Seiten zuverlässig mit Strom. Jeder, der mehr über die Technik sowie den Kultur- und Naturraum des Donautals erfahren möchte, kann sich im angeschlossenen *Haus am Strom* informieren. Die anerkannte Umweltstation bietet eine Ausstellung für Jung und Alt, die vom großen Landschaftsmodell über historische und zeitgenössische Exponate sowie eine Hochwassersimulation bis hin zu heimischen Tier- und Pflanzenarten reicht.

Die historische Referenz entdeckt man hingegen fußläufig flussabwärts: Dort ragt aus der Donau der Jochenstein empor, eine kleine Felseninsel aus Quarz. Auf ihr thront eine rund 200 Jahre alte Steinfigur des heiligen Johann Nepomuk. Am steinernen Eiland, dem der Ortsteil wie auch das Kraftwerk ihre Namen verdanken, wurden bis ins 20. Jahrhundert neue Schiffsleute getauft. Damals wie heute grüßt der Fels tagtäglich Hunderte passierende Reisende auf dem Fluss.

Was könnte einen schöneren Abschluss eines Spaziergangs bilden als eine gemütliche Rast auf einer Bank, mit Blick auf Donau, Kraftwerk, Jochenstein und die vorbeiziehenden Schiffe? Die Krönung: eine gute Brotzeit dazu!

Das *Haus am Strom* bietet Führungen und Vorträge zum Donautal sowie zum Kraftwerk an. Informieren Sie sich vor Ort oder auf der Homepage über das aktuelle Programm. Anmeldung erforderlich!

14

**Camping an der Donau**
(Mitte Mai–September)
Nibelungen Straße 113
A-4090 Engelhartszell
+43 (0)664 8708787
www.camping-engelhartszell.at

**Donau(t)raum AHOI**
Buchung: Privatzimmer
Romantikhaus Hufschmiede
Nibelungen Straße 11
A-4090 Engelhartszell
+43 (0)7717 8059

# WIE DIE NIBELUNGEN RASTEN

## Camping an der Donau

Das *Nibelungenlied* gilt als einer der größten Kulturschätze des deutschsprachigen Raumes. Die hochmittelalterliche Sage von Liebe, Macht und Verrat um die schöne Burgunderprinzessin Kriemhild, den furchtlosen Drachentöter Siegfried und den grimmigen Hagen von Tronje beflügelt bis heute unzählige Leser – wie auch manchen Glücksritter, der in den Untiefen des Rheins nach dem unermesslichen Nibelungenschatz sucht. Einen besonderen Stellenwert in der Geschichte nimmt jedoch auch die Donau ein: An ihren Ufern, da sind sich die Literaturwissenschaftler weitgehend einig, spielen nicht nur große Teile der Sage. Vielmehr deuten die präzisen Ortsbeschreibungen darauf hin, dass der unbekannte Verfasser wohl südlich von Passau beheimatet gewesen sein muss.

Was also könnte ein sagenhafteres Erlebnis sein, als die Nibelungen Straße hinabzureisen wie dereinst die literarischen Vorbilder? Zumal an ihren Rändern gar wunderbare Campingplätze einladen, eine entspannte Zeit am sanft plätschernden Gewässerlauf zu verbringen. Ein schönes Exemplar, der *Camping an der Donau*, befindet sich direkt am Flussufer in Engelhartszell: Neben 20 Stellplätzen für Zelte, Wohnwägen oder -mobile kann man sogar in einem komfortablen Schlafhaus unterkommen. Nach dem täglichen Austoben beim Beachvolleyball, am Strand, im solarbeheizten Freibad oder auf dem Kinderspielplatz lockt das unprätentiöse Freibadbuffet mit kleinen Imbissen, Kaffee und leckeren Eisspezialitäten.

Und nachts? Da lüftet man am besten das Zelt, lässt den Sternenhimmel auf sich wirken und taucht tief ein in die längst vergangene Zeit, als die Nibelungen nur wenige Meter entfernt entlangzogen. Wie heißt es im *Nibelungenlied* so trefflich? »Jedem guten Werke liegt auch ein schönes Lob bereit.« Na, denn: Ein herrlich entspannter Ort wartet auf Sie!

Der Campingplatz hat je nach Wetterlage von Mitte April bis Anfang Oktober geöffnet. Alternativ kommt man im benachbarten *Donau(t)raum AHOI* unter – ein besonderes Hotelzimmer direkt an der Donau.

## 15

**Donaublick Penzenstein**
Mit Marienkapelle
A-4143 Neustift im Mühlkreis

**Donausteig Passau-Grein**
www.donauregion.at/donausteig

# HÖHER ALS DIE ENGEL

## Donaublick Penzenstein mit Marienkapelle

Wann gelingt es einem schon, höher als die Engel zu steigen? Am Penzenstein muss man dafür noch nicht einmal den Fels erklimmen. Der Aussichtspunkt, der versteckt und dennoch gut ausgeschildert zwischen den Orten Großmollberg und Pühret liegt, ist mit dem Auto leicht erreichbar. Der schönere Weg zum Felsvorsprung mit dem großen Kreuz führt allerdings über die Bischof-Firmian-Wanderstrecke.

Steht man am steil abfallenden Donauufer, sieht man gegenüber die Stiftskirche Engelszell mit dem Deckenfresko voller Engel – und diese liegt deutlich unter dem Penzenstein. Vor dem Aussichtspunkt befindet sich die Marienkapelle, deren Innenraum mit Gnadenbildern und Votivtäfelchen ausgestattet ist. Vor der Wallfahrtskirche zeigt ein Teufelstritt, dass auch Satan der Sage nach einst über den Engeln stand. Hier an der Felskanzel soll er auf das Kloster am anderen Donauufer herabgeblickt haben. Daraufhin fiel Luzifer bekanntlich. Die Grenzkapelle zeugt zudem vom irdischen Streit zwischen Österreichern und Bayern, die während ihrer wechselnden Herrschaft mit Soldaten den jeweils anderen von den Messen ausschlossen. Diese Zeiten sind vorbei. Heute besuchen Mitglieder beider befreundeter Nationen den Aussichtspunkt.

Eine angrenzende Picknickstelle bietet Platz für ganze Gruppen oder Großfamilien, die eine Pause mit bestechendem Ausblick einlegen können. Diese tut vor allem wohl, wenn man den kompletten Donausteig erwandern möchte, der sich auf 450 Kilometern von Passau bis Grein zieht. Doch auch kürzere Routen führen zum Donaublick, die vor Ort und im Internet gut ausgewiesen sind. Der Penzenstein ist Höhepunkt und ideale Raststelle aller Strecken. Der bewaldete Fleck vis-à-vis von Engelhartszell liegt spektakulär und bietet eine Sicht über den Sauwald bis zum Jochenstein. So hoch gelangen nicht einmal die Nachbarengel.

Online verfügbar sind Kartenmaterial und Routenbeschreibungen des Donausteiges. Der attraktive Fernwanderweg bietet eine Alternative zum beliebten Donauradweg zwischen Passau und Grein.

16

**Stift Engelszell**
Stiftstraße 6
A-4090 Engelhartszell
+43 (0)7717 80100
www.stift-engelszell.at

# DER BLAUE ENGEL VON DER DONAU

Stift Engelszell

Der Torwächter ist heute gnädig. Er döst im Halbschatten am Kirchenportal und lässt Besucher passieren. Seine Friedfertigkeit geht sogar noch weiter: Man darf ihn streicheln, den Bauch kraulen und wird mit lautem Schnurren belohnt.

Der rote Kater gehört zum Stift Engelszell wie die Geheimnisse der Abteikirche mit der prächtigen Rokokofassade und dem hoch aufragenden Turm. Betritt man unter seinen Argusaugen das Kirchenschiff, erwarten einen moderne und klassische Elemente im faszinierenden Zusammenspiel. Berühmt für den Schutzengelaltar, der die Gläubigen vor irdischen Verführungen wie Bacchus und Venus schützt, beeindruckt der Innenraum mit fein ausgearbeiteten Rocaille-Schnitzereien. Eine Überraschung bietet der Blick nach oben. Die Deckenfresken wurden nach einem Bauschaden 1957 von Fritz Fröhlich neu gestaltet. Ein Glücksfall im Unglück, denn Fröhlich schuf – seinem Namen verpflichtet – einen bunten Chor kubistisch anmutender Engelsfiguren mit einer Marienkrönung. Die moderne Darstellung wirkt, als habe sich Picasso an einem Rokokopalast ausgetobt. Dennoch fügt sich das moderne Bildprogramm harmonisch in die historische Pracht der Konventskirche und schafft zugleich einen spannenden Kontrapunkt. Und hat sich da etwa Vishnu, die hinduistische Gottheit, unter die Singenden geschlichen? Nein, tatsächlich fliegt ein blauer Engel am Kirchenhimmel. Wer genau hinschaut, findet den Exoten.

Schleicht man sich am Tortiger vorbei wieder ins Freie, lohnt sich eine Stippvisite ins Stift, das ab 1293 zum Zisterzienserorden gehörte. Heute beheimatet es das einzige Trappistenkloster Österreichs und lädt zur Verkostung von Likör und besonders schmackhaftem Trappistenbier im hauseignen Laden. Danach frohlocken die Besucher wie der blaue Engel – oder sie genehmigen sich ein Nickerchen wie der Torhüter.

Bereits bei der Ankunft am Stift fällt der schmucke Schaugarten links neben der Konventskirche auf, der zu einem Spaziergang oder einer verlängerten Pause einlädt.

17

**Skulpturenpark und Atelier Annemarie und Günther Fahrner**
Kager 2
A-4085 Wesenufer
+43 (0)676 5383656
www.atelier-fahrner.com

**Pub Neptun**
Wesenufer 19
A-4085 Waldkirchen am Wesen

# SELTSAME WESEN AUS DER DONAU

## Skulpturenpark Annemarie und Günther Fahrner

Die Antike und der Schrott haben es Günther Fahrner angetan. Der Tiroler Philosoph und autodidaktische Künstler liebt aber auch die Donau, weswegen er in Wesenufer auf einen alten Hof gezogen ist, der ihm Platz für seine Arbeit bietet. Auf den abschüssigen Wiesen vor seinem Atelier hat er in Ufernähe seine Skulpturen aufgestellt.

Er biegt und schweißt Altmetall zu Tieren, Menschen, Göttern und Fabelwesen zusammen. Ein paar Geschichten über sie hat er gleich selbst erfunden, wie die Sage von den Fischen, die des Nachts aus der Donau steigen und bei Sonnenaufgang auf Pferden wieder ins Wasser fliehen. Diese unheimlichen Wesen stehen in mystischer Gesellschaft. Gerade arbeitet er an einem überlebensgroßen Hephaistos, der sich zu Neptun und Europa gesellen soll. Europa räkelt sich lasziv auf dem Stier Zeus, ihr Haar besteht aus rostigen Ketten, ihr Körper aus Stangen. Im Stier finden sich alte Motorenteile, teils von Patina überzogen. Damit kehrt die Mythologie nach Tausenden von Jahren wieder an die Donau zurück, nachdem schon griechische Kolonisten sie entlangsegelten. Das gefällt Günther Fahrner, er will die Sagen der Antike bewahren und in Kunst verwandeln.

Der Park verändert sich immer wieder, wenn Exponate die Donau hinab und bis nach Zypern wandern. Neue kommen dafür dazu. Auch wandeln und verfärben sich die Figuren im Freien. Das ist gewollt. Die Urkraft der Donau und der Natur will der Künstler einfangen. Seine Gattin Annemarie hat ebenfalls Skulpturen geschaffen. Früher arbeiteten sie mit Holz als Werkstoff, doch seit einiger Zeit hat es ihnen Metallschrott angetan, den sie mit ihren wunderlichen Figuren recyceln. Am Abend sitzen sie an der ebenfalls selbst kreierten Feuerstelle vor ihrem Haus, mit Blick auf ihre Schöpfungen und zur Donau hinab, und beobachten, wie die Fischwesen wieder in Richtung Wasser reiten.

Nach dem Skulpturenpark lohnt noch ein Abstecher in die Ortschaft Wesenufer mit dem *Neptun Pub* am Donauufer, wo nicht nur Fahrners Götter einkehren.

18

**Aussichtspunkt Schlögener Schlinge/Blick**
Ausgeschildert ab Hotel-Riverresort Donauschlinge
Schlögen 2
A-4083 Haibach
ob der Donau
+43 (0)7279 8212
www.donauschlinge.at

# Wo die Donau auf Granit beisst

## Schlögener Schlinge und Blick

Die Römer waren wohl die Ersten, die diesen Ausblick richtig genossen. Zudem verstanden sie, die Vorteile der einzigartigen Flusskrümmung zu nutzen, und erbauten 200 nach Christus ein Kastell an der Schlögener Schlinge, wo die Donau, wie man sagt, auf Granit beißt. Da sich das Wasser aber stets den Weg des geringsten Widerstandes sucht, entstand eine spektakuläre Kurve, die den Strom zu einer Schlinge krümmt. Der von der Natur geschaffene Donaulimes diente den Römern als natürliche Grenze und Wasserscheide zu den Barbaren, die tunlichst vom Überqueren des Flusses abgehalten werden mussten.

Den Römern folgten nicht unbedingt die Barbaren, doch die Tourismusfachleute. Und so steht nun an der Stelle des ehemaligen Kastells eine kleine Bootsanlegestelle samt Campingplatz und großer Hotelanlage mit Wellnessangebot, internationalem Publikum und Schlingerl-Pub. Von der dortigen Sonnenterrasse beobachten viele den Schlögener-Schlingen-Sonnenuntergang (sagen Sie das mal nach zwei Gläsern Wein dreimal hintereinander) bei Heidelbeer-Palatschinken und Sundowner.

Den schönsten Blick aber hat man von der Höhe, von der man die ganze Schlinge überschauen kann. Steht man auf dem Aussichtspunkt Schlögener Blick, der etwa eine Dreiviertelstunde über dem Ort Schlögen gelegen ist oder von Haibach aus erwandert und erradelt werden kann, legt sich die Donau vor einem gänzlich in die Kurve. Eine beinahe 180 Grad umfassende Biegung. Der Fluss und die Felder vom gegenüber gelegenen Weiler, die von der Donau umarmt werden, gleichen einem Yin-und-Yang-Symbol. Schloss Freizell grüßt vis-à-vis, und der Strom fließt ruhig wie ein Bach dahin. Einer, der sich eben einmal dreht. Dieses Naturschauspiel, das die Römer bereits schätzten, hat auch nach über 1.800 Jahren nicht an Faszination verloren.

Um die Schlinge von allen Seiten zu erleben, kann man in Schlögen auf das andere Donauufer übersetzen oder Bootstouren durch die Schlinge unternehmen.

19

**Erkundungstour durch Haibach**
Startpunkt:
Kirche St. Nikola
Inzell
A-4083 Haibach
ob der Donau
+43 (0)7279 8235
www.haibach-donau.at

**Burgruine Stauf**
Hinterberg
A-4083 Haibach
ob der Donau
+43 (0)7279 8235

# HISTORISCHE AUSSICHTEN ENTDECKEN

## Fahrrad- und Wandertour durch den Ort

»Durch einen silbernen Wellenbalken schräglinks geteilt; oben in Blau eine goldene Strahlensonne, unten in Grün ein goldener Römerhelm.« Mit dieser offiziellen Erläuterung ihres Wappens ist die kleine Gemeinde Haibach eigentlich schon vortrefflich beschrieben: Hoch über der Donau gelegen, besticht der Mühlviertler Ort durch ein Panorama weit über das Eferdinger Becken hinaus und unzählige historische Referenzen, die bis zu seinen römischen Ursprüngen zurückreichen.

Bekannt wurde Haibach vor allem durch seinen Ortsteil Schlögen mit der berühmten Schlinge und dem alten Römerkastell. Ursprünglich zum Herzogtum Bayern gehörend, wehen in der Gemeinde seit dem 12. Jahrhundert die österreichischen Fahnen. Die wohl schönsten Entdeckungen eröffnen sich bei einer kleinen Fahrrad- oder Wandertour entlang historischer Pfade durch das Ortsgebiet.

Idealer Startpunkt ist die Kirche St. Nikolaus als tiefst gelegener Punkt in Haibach. Ihre Gründung geht auf das Jahr 1155 zurück, als ein bedeutender Reichsgraf an dieser Stelle nach einem Schiffsbruch gerettet wurde und für die Bevölkerung zum Dank das Gotteshaus errichtete. Den Berg hinauf gelangt man zum Ortskern, der von der um 1450 erbauten Pfarrkirche St. Ulrich überstrahlt wird und die spätmittelalterliche Epoche der österreichischen Landesherren von Schaunberg repräsentiert. Zwei Highlights locken im Südwesten der Gemeinde. Abenteuerlustige Entdecker zieht es zur hochmittelalterlichen Burgruine Stauf, um dem letzten Relikt bayerischer Herrschaft die Reverenz zu erweisen. Freunde entspannter Touren entscheiden sich hingegen für den Aussichtspunkt Kalvarienberg, um bei einer schmackhaften Brotzeit den wunderbaren Fernblick bis zum Böhmerwald im Osten und dem Dachstein im Süden zu genießen.

Für Freunde von Bio-Bauernhöfen ist der Besuch in der *Permakultur Theklasien* in Hinterberg 6 ein Muss. Im ansprechenden Hofladen von Thekla Raffezeder findet man alles, was das ökologische Herz begehrt (www.theklasien.at).

20

**Ortsspaziergang über die Promenade**
Am Kurzwehrhartplatz und Ritzbergerstraße
A-4082 Aschach an der Donau

# ALLES NICHT NUR FASSADE

## Ortsspaziergang über die Promenade

Zur Donau hin hat man sich schick gemacht. Das gilt nicht nur für Aschach. Viele Ortschaften schmücken sich mit prunkvollen Gebäuden am Flussufer, wo die Schiffe anlegen. In Aschach aber kann man hinter die Fassaden blicken, denn auch die zweite Reihe Häuser muss sich nicht verstecken. Schlendert man die kurze Uferpromenade von der Pfarrkirche aus entlang, zieren Stuck und Malereien die Front. Selbst das Radgeschäft Fritz wartet mit Ornamenten und den üblichen Hochwasseranzeigern auf, die – wie die Marke des Jahres 1789 – bis zum ersten Stock reichen. Teilweise geht die Geschichte der Häuser laut Inschriften bis ins Jahr 1548 zurück. Bis heute sind sie gut erhalten.

Am Ende der Promenade prangt der Leitspruch für Glückssuchende optimistisch an einem Hauseck: »Mach' es wie die Sonnenuhr, zähl die heit'ren Stunden nur!« Der entsprechende Zeitmesser ist darunter angebracht. Sitzt man im Freien vor einem der zahlreichen Lokale zwischen Schmuckfassaden und Ufer, fällt es nicht schwer, das Motto zu leben. Auch drinnen Platz zu nehmen lohnt sich: Das *Red Berlin* etwa erinnert an eine Szenejazzbar, die man eher in der Bronx als an der Donau vermutet. Bei schummriger Beleuchtung, mit Blick auf etliche Künstlerporträts, kann man sich bei schlechtem Wetter wärmen.

Die angrenzende denkmalgeschützte Pfarrkirche kann hingegen ein magisches Treibgut vorweisen. 1693 soll durch Eishochwasser ein »wundertätiges« Kreuz in Aschach angeschwemmt worden sein. Nachdem man es in der Kirche aufgestellt hatte, wurden sogleich viele Bittende und Betende erhört. Heute kann man das bemalte Holzkreuz am Hochaltar bewundern. Tritt man wieder nach draußen, grüßt einen Johann Nepomuk und im besten Falle die Sonne, die weitere heitere Stunden verspricht.

Von Aschach aus lässt sich ein Badeausflug oder eine Wanderung den Fluss entlang ins Eferdinger Donaubecken oder ins Mühlviertel unternehmen.

21

**Jumbos Würstlstandl**
Brandstätterstraße 1
A-4082 Aschach
an der Donau
+43 (0)7273 7280

**Pfarrkirche hl. Johannes d. Täufer**
Pfarrgasse 1
A-4082 Aschach
an der Donau

# Steckerlfisch und Käsekrainer deluxe

## Jumbos Würstlstandl

Evi und Roland Jomrich führen ihre kleine Einkehr mit Herzlichkeit und Engagement. Sie dreht die Würstl am Grill, er – genannt Jumbo – zapft einen schnellen Pfiff, ein kleines Bier. Das wohl einzige und einzigartige Würstlstandl am Ortseingang von Aschach könnte genauso gut im Wiener Prater oder am Stephansplatz stehen. Hier am Donauufer stellt es ein Unikum dar.

Evi und Jumbo braten gemeinsam mit ihrer reizenden Bardame Cordula allerdings nicht nur Fleisch, sondern machen sich zudem den Fluss zunutze: Von März bis Oktober wird Steckerlfisch auf der Terrasse gegrillt. Forellen und Makrelen. Auch bringt mancher Fischer seinen eigenen Fang zu Jumbo. Dieser wirft ihn dann für den erfolgreichen Angler auf den Rost. Wenn einmal nichts angebissen hat, gibt es eben Würstl. Käsekrainer, Bosna, Erdäpfelsalat, Kraut und ein Bier dazu.

Der Spitzname Jumbo begleitet Roland Jomrich schon seit Kindergartentagen, weil er schon damals flink wie ein Jumbojet war. Alte Freunde besuchen ihn noch immer im Standl. Auch die Liebe zum deftigen Snack blieb, und nun betreibt er bereits seit über 30 Jahren mehrere Gastbetriebe. Besonders am Herzen liegt ihm sein Würstlstandl an der Donau, das bei Touristen wie bei Einheimischen gleichermaßen beliebt ist. Sommers wie winters sitzen sie entweder an der Promenade davor im Freien oder im Warmen in der kleinen Stube.

Stolze Angler sind samt ihrer Fänge auf Fotografien an den Wänden verewigt. So mancher gute Fisch landete direkt auf Jumbos Grill, nachdem an der Theke auf den Erfolg angestoßen wurde. Schauen Sie selbst auf einen Pfiff, eine Bosna oder einen Steckerlfisch in dieser authentischen kleinen Gastronomie vorbei!

Gestärkt von einem Würstl-Stopp kann man an der Donau entlang zum Ortskern und zur denkmalgeschützten Pfarrkirche von Aschach spazieren und dort einen Rundgang unternehmen.

22
Burgruine Schaunberg
A-4074 Schaumberg

# BEI DE OIDN RITTERSLEIT

## Burgruine Schaunberg

Man kann ihren Stellenwert und ihre Ausmaße bereits gut erahnen, wenn man sich der Ruine Schaunberg über die Felder von Eferding nähert. Mit satten 17.500 Quadratmetern war sie einst die größte Burg Oberösterreichs.

Über eine Holzbrücke und ein intaktes Einlassgebäude betritt man das ehemalige Burgdorf, zu dem Gärten, Felder und eine Vielzahl an Häusern gehörten, die den Bewohnern ein autarkes Leben sicherten, unabhängig von Feinden und Angreifern. Doch nach ihrer Hochzeit im 14. Jahrhundert als Wehrfestung der Grafen Schaunberg nagte der Zahn der Zeit an ihren Gemäuern. Als schließlich 1825 der Burgfried in sich zusammenstürzte, zerfiel die Anlage endgültig zur Ruine. Diese aber besteht noch immer, und innerhalb ihrer teils überwucherten Fundamente finden sich viele Spuren der längst vergangenen Ritterzeit. Im Labyrinth der Mauern sind gotische Fensterbögen zu sehen, Teile eines Sakralbaus und der untere Teil des Burgturms, der sich trotzig nach oben streckt. Aus dem Jahr 2017 stammt die eingepasste Stahltreppe, über die Besucher heute auf schwindlige 32 Meter hinaufsteigen, um die Donau zu überblicken, die früher noch deutlich näher an der Festung vorüberfloss. Die Aussicht reicht bis Pupping und Eferding über Felder und Obstgärten. Auf noch historischen und deshalb recht schiefen Stufen kann man die Zinnen ablaufen und sich wie ein Ritter von einst fühlen.

Bewacht wird man dabei vom Burgkater, der regelmäßig seine Aufwartung macht, um von den Besuchern gestreichelt zu werden. Ein Nachkomme der Schaunberger? Wohl eher nicht. Mit dem Namen des Adelsgeschlechtes wurde allerlei Schindluder getrieben. Man spricht von der Schaumburg oder dem Schaumberg, dabei kommt der Name simpel vom »Blick vom Berg«, also »Schauen vom Berg«. Und so schauen der Besucher und der Kater heute wie zur Zeit der Gründung um 1150 von der Schaunburg vom Berg hinab zur Donau.

Auf dem Weg zur Ruine kommt man bei Eferding an einer Vielzahl von Hofläden und Bauernhöfen vorbei, die Obst und hauseigene Erzeugnisse günstig verkaufen.

23

**Garten der Geheimnisse**
(Mai–Anfang Oktober)
Stroheim 13
A-4074 Stroheim
+43 (0)650 4702717
www.garten-der-
geheimnisse.at

# EINEN ELEUSINISCHEN ORT BESUCHEN

## Garten der Geheimnisse

»Willst du ein Leben lang glücklich sein, dann leg' Dir einen Garten an.« Ein trefflicher Aphorismus, der für den gemeinen Bürger jedoch nicht immer zu verwirklichen ist. Man braucht ein Grundstück, und dessen Erwerb ist bekanntlich nicht immer günstig. Doch in Stroheim kann formidable Abhilfe geschaffen werden: Mit traumhafter Aussicht auf die Donau und das Eferdinger Becken lockt der *Garten der Geheimnisse* alle Freunde der Natur. In dem rund 20.000 Quadratmeter großen Schaugarten von Wolfgang Wimleitner und seinem Team können Besucher schier unendlich viele selige Momente erleben.

Am besten startet man den Rundgang bei den Wasserspielen. Dort kann man stolze Libellen beobachten, wie sie ihre Kreise in der Luft ziehen. Im Anschluss taucht man in die Pracht des Regenbogengartens ein, in dem sich unzählige Blüten im charakteristischen Farbspektrum aneinanderreihen. Oder man spürt den gut gelaunten Bienen und Hummeln nach, die gleich nebenan zwischen Gewürzpflanzen und Gemüsestauden vergnügt vor sich hin summen. Schließlich stattet man den prächtigen Stauden einen Besuch ab. Genießer kultivierter Grünanlagen dürfen natürlich keinesfalls den Buchs- und den Knotengarten versäumen, in dem fachkundiger Zuschnitt wahre Kunstwerke hat entstehen lassen.

Den außergewöhnlichsten Platz findet man zweifelsohne im immergrünen Himmelbett, das mit seinen Farnen und Funkien zum metaphorischen Nickerchen geradezu einlädt. Und den perfekten Abschluss bildet eine Einkehr ins Café, das mit köstlichen Mehlspeisen und Kaffee aufwartet.

Unbestritten: Um ein Leben lang glücklich zu sein, empfiehlt es sich, ein eigenes grünes Paradies anzulegen. Wenn das Glück aber auch mal vorübergehend sein darf, dann ist ein Besuch im *Garten der Geheimnisse* die beste Wahl!

Der Garten ist von Mai bis Oktober geöffnet. Egal ob als Tagestourist, für eine Geburtstagsfeier oder gleich auf der Hochzeit mit der Allerliebsten – schauen Sie vorbei und genießen Sie dieses Stück Himmel auf Erden!

24

**Stadtpfarrkirche Eferding**
Kirchenplatz
A-4070 Eferding
+43 (0)7272 2241
www.dioezese-linz.at

# AUF RITTER- UND KIRCHENSPUREN

Stadtpfarrkirche

Von außen macht der als »Dom von Eferding« bezeichnete Kirchenbau einen gemischten Eindruck. Schließlich ist er das Stückwerk aus verschiedenen Stilepochen. Eine seltsame architektonische Komposition, die Geschichte schreibt. Während Turm und Sakristei verputzt und farbig leuchten, ist das ältere gotische Hauptschiff aus grauem Naturstein errichtet.

Ihre Geheimnisse gibt die Kirche im Inneren und bei einer Umgehung preis: Sie beheimatet die Gruft der namhaften Starhemberger Grafen. Einen Ehrenplatz erhielt Ernst Rüdiger von Starhemberg, der einst Wien erfolgreich gegen die Türken verteidigte. Grabtafeln weiterer Aristokraten wurden an die Außenwände des Gotteshauses gesetzt. Darunter auch die des Ritters Schaunberg samt Löwen und Rüstung. Die Adelsfamilien haben sich bis heute erhalten. Sie haben einige der aufwendigen Buntglasfenster gestiftet, die in ihrer farbigen Plastizität auffallen. Andere wurden von heimischen Gruppen wie den *Ledigen Frauenspersonen von Eferding* finanziert. Die Bewohner des Ortes haben sich zudem selbstbewusst mit historischen Platzschildern samt Berufsbezeichnungen auf den Kirchenbänken verewigt.

Ein heiliger Gast dient wiederum als Aushängeschild: Die Kirchensegnung geht auf die verbürgte Überführung des heiligen Hippolyt von Tegernsee nach St. Pölten zurück. Noch heute werden Wallfahrten ins Bayerische veranstaltet.

Baulich von Reformation, Gegenreformation und Barockisierung gezeichnet, kann man trotzdem noch die spätgotische Staffelhalle erkennen. Kanzel und Altar stammen hingegen aus dem Barock, die Kapellen aus neuerer Zeit. Die bauliche Melange aus fernen Rittertagen und Moderne überrascht und fasziniert zugleich, besucht man den »Dom von Eferding«.

Direkt neben der Stadtpfarrkirche befindet sich das Schlossmuseum Starhemberg mit einer Waffen-, Kostüm- und Ahnensammlung zur Familiengeschichte in Eferding.

# 25

**Tiergarten Walding**
Mursberg 42
A-4111 Walding
+43 (0)7234 82759
www.tiergartenwalding.com

# CARUSO, SISSY, SEPP UND CO.

Tiergarten Walding

Begleitet man Angela – kurz Geli – Mair auf ihrem Rundgang durch ihren Tiergarten, merkt man, welch starke Bindung sie zu jedem ihrer Schützlinge hat. Das Lama Schneewittchen mit den ungewöhnlich blauen Augen schmiegt sich an die Besitzerin, nachdem sie das Tier mit dem Klappern ihres Futtereimers angelockt hat. Der Papagei Caruso wiederholt in breit österreichischem Akzent das »Hallo« von Frau Mair und imitiert gekonnt das Lachen der Besucher. Das verschmuste Löwenpaar Sepp und Sissy, das aus Stralsund an die Donau gezogen ist, kuschelt sich faul aneinander. Zebra Edgar und die Alpakaherde flitzen hingegen durch die Gehege, wissen sie doch, dass es immer eine Leckerei gibt, wenn die Chefin vorbeischaut.

Auf dem Mühlviertler Dreiseithof hat Geli Mair vor über 40 Jahren einen Gnadenort für Tiere geschaffen. Die populärsten Bewohner waren lange Jahre die Zirkuselefanten Bimbi und Mary, die jedoch im betagten Alter vor ein paar Jahren verstarben. Ihnen setzte Geli Mair ein Denkmal: In Holz grüßen die Dickhäuter am Eingang, 2020 folgte ein *Bimbiland*.

Vorbei am weißen Esel, Reitpferden und Kapuzineraffen geht es zu heimischen Arten und einigen Exoten. Die Tiere stammen aus dem Zirkus, aus anderen Zoos oder gehörten einst Privatleuten, bevor sie auf dem Dreiseithof eine liebevolle Betreuung fanden. Auf der Anhöhe im Donauer Hinterland gibt es ausreichend Auslauf und zudem begeisterte Besucher.

Man merkt Frau Mair ihre Liebe für ihre Schützlinge an. Der Anhänger um ihren Hals wurde in Erinnerung an die Elefantendame Bimbi gefertigt, ihrer Truthenne Luise wurde ein Bilderbuch gewidmet, und die Gemeinde Walding hat sich nach anfänglichen Berührungsängsten mit den tierischen Exoten angefreundet. Bei einem Rundgang zu Kranichen, Präriehunden, Wildkatzen und Büffeln tut das auch der Besucher. Geli Mair sei Dank.

Im hauseigenen Jausen-Stüberl kann man nach dem Tierparkbesuch bei heimischen Bauernkrapfen und einer Jause einkehren.

26

**Regattastrecke und Regattaverein Linz-Ottensheim**

Regattastraße 1
A-4100 Ottensheim
+43 (0)7234 84030
www.wsv-ottensheim.at

# MIT RUDERERN UM DIE WETTE RADELN

## Regattastrecke und Regattaverein Linz-Ottensheim

Zu Unrecht rückt der Rudersport nur alle paar Jahre in den medialen Vordergrund, etwa bei den Weltmeisterschaften oder Olympischen Spielen. Wer auch abseits solcher Großereignisse die Einer, Zweier, Vierer und Achter in Aktion sehen möchte, dem sei der Besuch der Ruderstrecke in Ottensheim empfohlen. Schon wegen ihrer verkehrsgünstigen Lage und der fairen Rennbedingungen gilt sie als eine der besten und beliebtesten weltweit. Fast das ganze Jahr hindurch trifft man die Ottensheimer Vereinsmitglieder beim Rudern. Mancher von ihnen kann in seinem penibel geführten Trainingstagebuch jährliche Distanzen von mehreren tausend Kilometern vorweisen.

Die Regattastrecke verdankt ihre Entstehung dem Bau des nahe gelegenen Donaukraftwerks Ottensheim-Wilhering Anfang der 1970er-Jahre. Zur optimalen Wasserzuführung wurde die Donau umgeleitet und der Altarm den Ruderern zur Verfügung gestellt. Die Strecke gewann rasch an Renommee und führte zu einem regionalen Boom der Sportart. Die mittlerweile weltweite Bedeutung des Standorts schlägt sich nicht zuletzt in zahlreichen internationalen Regatten nieder, die in Ottensheim stattfinden, darunter der *Nation's Cup*, die *World Rowing Junior Championships* und der *World Rowing Cup*. Ein grandioses Highlight stellte die Ruder-WM 2019 dar, die zahllose Zuschauer an die Donau lockte und dank Investitionen von fast neun Millionen Euro ein hochmodernes Bundesleistungszentrum mitsamt großzügiger Zuschauertribüne mit sich brachte.

Also nichts wie hin, um Schlagmann, Bugmann und Steuerleute auf Weltklasseniveau aus der Nähe anzufeuern! Da der Donauradweg direkt neben der Strecke verläuft, lässt es sich zudem einmal dezent ausprobieren, ob man mit dem Tempo der Spitzensportler mithalten kann … so als Landratte, auf dem E-Bike …

Informieren Sie sich auf der Homepage des Rudervereins über aktuelle Regattatermine. Eine Wanderung entlang der Strecke an Wettkampftagen ist ein außergewöhnliches Erlebnis.

27

**Donaustrand Urfahr**
Von der Nibelungenbrücke entlang der Oberen Donaustraße Richtung Puchenau
Ortsteil Urfahr
A-4040 Linz

# Stadtstrand für Ur-Gemütliche

Donaustrand Urfahr

In Österreich wird die Silbe »ur-« gerne vor jedes Adjektiv gehängt, um es zu steigern: ur-gut, ur-fad, ur-leiwand. Ein ur-guter Fleck, der gar nicht ur-fad ist und an dem es sich ur-leiwand, also ur-gemütlich, aushalten lässt, ist der Donaustrand Urfahr. Die ureigene Promenade an dem eingemeindeten Linzer Vorort zwischen Pöstlingberg und St. Magdalena ist nicht nur bei den Urfahrerinnen und Urfahrern beliebt. Der Name des Ortsteils stammt übrigens von der »Überfahrt«, die man früher an dieser Uferstelle mit Fähren und Schiffen unternahm.

Heute erreicht man die andere Seite über Brücken, und die Boote dienen nun mehr den Ausflüglern und Sportlern, die den Donaustrand in Urfahr bevölkern. Neben Rundfahrten auf der Donau steht auch Wasserski auf dem Programm. Die meisten Strandbesucher aber brauchen kein Gefährt, denn sie stürzen sich in die Fluten und genießen schwimmend eine Abkühlung in der Donau. Am Ufer entlang des Radweges und der Oberen Donaustraße bis zur Nibelungenbrücke, die in die Linzer Altstadt führt, laden Schotterbänke und Liegeplätze ein, sich danach im Sonnenschein zu wärmen.

Das Donaubad ließ die Stadt Linz nach dem Hochwasser 2013 künstlich anlegen und dafür Sand aufschütten. Doch nicht nur ein Naherholungsgebiet ist entstanden, sondern darüber hinaus Lebensraum für Fische. Tier und Mensch fühlen sich wohl. Tagsüber tummeln sich erschöpfte Radfahrer und Familien am Strand, im gemächlicheren Wasserlauf und an ruhigeren Flecken am Ufer auch ältere Ur-Urfahrerinnen und Ur-Ururfahrer.

In zweiter Reihe hinter dem Strand hat sich eine Szene von hippen Bars und Restaurants etabliert, die mittlerweile den Altstadtlokalen in Linz den Rang ablaufen. Im Vorort ist es nun mal urgemütlich und nicht derart hektisch wie in der touristisch hoch frequentierten Stadt. Zudem ist man in Urfahr direkt am Wasser, hat die Chance auf ein Bad, etwas Bräune und ein kühles Bier. Urgut.

Vom Donaustrand ist es nur ein Katzensprung zum Lokal *Die Donauwirtinnen*, das eine gute Adresse in Urfahr für Anhänger guter junger Küche darstellt.

28

**Die Donauwirtinnen**
Webergasse 2
A-4040 Linz
+43 (0)732 737706
www.diedonauwirtinnen.at

# Per du bei junger Küche

## Gasthaus *Die Donauwirtinnen* in Urfahr

Im Grunde beruht der Name dieses Gasthauses auf einer Unwahrheit. Jedoch auf einer mit Geschichte. Als die beiden ursprünglichen Donauwirtinnen 2017 Nachwuchs erwarteten, mussten sie ihr Restaurant abgeben. Vier Burschen ergriffen die Chance und übernahmen erfolgreich das charmante Urfahrer Restaurant mit junger Küche.

Den Brüdern Phillip und Lukas sowie Fabian und Dominik gelang es, die Erwartungen der Stammkundschaft zu erfüllen und zugleich eine Kreuzung von Spitzengastronomie und Stadtteilwirtschaft zu schaffen. Regionale Produkte und Familienbande stehen dabei im Vordergrund. Einen oberösterreichischen Parmesan, Eis vom Kleinbauern, selbstgemachtes Kartoffelbrot und Wein vom Opa stehen ebenso auf der Karte wie die Spezialität der Wirte, der Flammkuchen. Dafür wird der Teig hausgemacht, nach Wunsch belegt und schmeckt dementsprechend knusprig und vollmundig mit heimischem Speck und Käse. Auf der wöchentlich wechselnden Karte findet man ergänzend Ausgefeiltes wie einen Gurkenrahmsalat oder ein Fischlaibchen.

Kreativ, per Du mit dem Gast und mit Spaß an der Arbeit betreiben die vier Herren ihr Lokal. Die Milch zum Kaffee kommt im Schnapsglas auf den Tisch, gespeist wird von vermeintlich zusammengewürfeltem Geschirr, der Ton ist freundschaftlich, und man sitzt im Stüberl mit Vintagetouch oder im Gastgarten mit Loungeatmosphäre. Auch wenn die jungen Wirte auf den ersten Blick den Eindruck erwecken könnten, ist ihr Restaurant mitnichten eine Modeerscheinung für Hipster. Das entspannte junge Publikum hält dem Haus seit Langem die Treue, ungeachtet dessen, dass nun Männer hinter dem Herd stehen. Auch die ehemaligen Donauwirtinnen sitzen übrigens noch immer gerne auf der Terrasse und verwandeln damit die kleine Unwahrheit mit dem Namen zu einer charmanten Anekdote.

Einen Besuch bei den *Donauwirtinnen* kann man mit einem Badeausflug an den Donaustrand oder einem Spaziergang durch den Linzer Vorort Urfahr verbinden.

29

**Botanischer Garten Linz**
Café Orchidee
Roseggerstraße 20
A-4020 Linz
+43 (0)732 70701870
www.botanischergarten.
linz.at

# DEM BUNTEN RASEN FRÖNEN

## Botanischer Garten

Der Gugl ist eine Anhöhe im Linzer Westen, die zwei völlig unterschiedliche Gruppen anzieht: Während leidenschaftliche Anhänger des Grünrasens in das gleichnamige Stadion pilgern, um ihrem FC Blau-Weiß Linz die Daumen zu drücken, kann den Besuchern nur wenige 100 Meter weiter eine Wiese gar nicht bunt genug sein. 1952 öffnete in der Roseggerstraße der Botanische Garten Linz seine Tore und ermöglicht seitdem Einblicke in eine prächtige Pflanzenwelt, die mit 10.000 Arten weit mehr als die heimische Flora umfasst.

Auf 4,3 Hektar Fläche ist die Freilandanlage in insgesamt 31 Bereiche unterteilt. Darunter befinden sich zum einen einheimische Bestände wie die Sumpfwiese, der Auwald, Kalkbuchenwald oder der Bodensaurer Mischwald. Andere zeigen Pflanzen aus aller Welt, wie amerikanische und asiatische Gehölze oder Pfingstrosen, Heidepflanzen und der Forst des Kaukasus. Wer schon immer wissen wollte, welche Gewächse im Haushalt genutzt werden, der ist in den Abteilungen für Öl-, Faser-, Färbe-, Genussmittel-, Gewürz- und Gemüsepflanzen sowie Heilkräuter goldrichtig. Und wer lernen möchte, wie er den eigenen Garten zur Wohlfühloase für Insekten machen kann, der wird den Naturgarten mitsamt Insektenhotel, Bienenschaukasten und Igelunterschlupf zu schätzen wissen.

Höhepunkte eines Rundgangs bilden die sieben Gewächshäuser. Neben der berühmten Kakteensammlung stechen die Wasserpflanzen sowie die Orchideen ins Auge. Während der Blüte offenbart sich eine einzigartige duftende und farbige Blumenpracht, die begeistert – genauso, wenn auch auf andere Art und Weise, wie der Grünrasen im Gugl ein paar 100 Meter weiter.

Ein Besuch im Café *Orchidee* rundet ihren Besuch im Botanischen Garten perfekt ab! Genießen Sie Kaffee- und Teespezialitäten mit frischen Mehlspeisen inmitten eines der schönsten Gärten Europas.

30

**Lentos Kunstmuseum Linz**
Ernst-Koref-Promenade 1
A-4020 Linz
+43 (0)732 70703600
www.lentos.at

**Brucknerhaus Linz**
Untere Donaulände 7
A-4010 Linz
+43 (0)732 76120
www.brucknerhaus.at

# KUNSTTEMPEL AM UFER

## Lentos Kunstmuseum

Ein Rasender schwingt den Dreschschlegel wütend durch sein Dorf. Eine nackte Eva räkelt sich lüstern im Garten Eden gen Himmel. Kühe grasen im Großformat auf einer satten Wiese. Eine Malerklasse folgt gespannt den Anweisungen ihres Meisters. Diese Szenen sind nicht auf einem Gemälde festgehalten, sondern setzen sich aus verschiedenen Werken der dauerhaften Ausstellung im *Lentos Kunstmuseum* zusammen.

In schlichten Räumen wurden die sehenswerten Bilder wohlüberlegt nach Schwerpunkten sortiert aufgehängt. Die Wiener Moderne hat ihren eigenen Platz, die »artige und entartete« Kunst des Nationalsozialismus bilden ein Thema, und besonders stolz ist man auf die Linzer Künstler der Nachkriegszeit wie Valie Export, deren geistreiches Schaffen in der Performance Art gewürdigt wird. Auch die üblichen Verdächtigen unter den österreichischen Granden wie Gustav Klimt, Oskar Kokoschka oder Maria Lassnig fehlen nicht. Viel Raum wird temporären Ausstellungen gegeben, die die ständige Sammlung ergänzen.

Ein Kunstwerk ist auch das Gebäude. Die Donau spielt in dem Museum eine herausragende Rolle. Der futuristisch schmucke Bau wölbt sich als länglicher Quader auf zwei Stützen an deren Ufer entlang. Der Platz unterhalb der Ausstellungsfläche ist ausgespart, sodass die Gemälde im Ungefähren schweben. Abends strahlend blau erleuchtet, ist das *Lentos* zu einem modernen Wahrzeichen der Stadt Linz geworden. Zudem leitet sich der Name des Museums von der Donau ab: »Lentos« ist der keltische Begriff für »an der Krümmung der Flusses gelegen«. Und genau an solch einer Stelle wurde der Kunsttempel errichtet. Durch Ritzen in der Architektur verliert der Besucher die Donau nie aus den Augen. Vom Café und von der Lobby aus eröffnet sich eine besonders schöne Aussicht aufs Wasser, die zwischen all den bunten Farben und Formen für einen klaren Blick zwischendurch sorgt.

In direkter Nachbarschaft befindet sich am Donauufer das Brucknerhaus, das als Konzertsaal der Stadt Linz ihrem berühmten Komponistensohn gewidmet ist.

31

**Ars Electronica Center**
Ars-Electronica-Straße 1
A-4040 Linz
+43 (0)7327 2720
www.ars.electronica.art

**Café Strom**
Kirchengasse 4
A-4040 Linz
+43 (0)7327 31209205
www.strom.stwst.at

# EIN HAUCH VON NEW YORK

Ars Electronica Center

Ein wenig erinnert die Freitreppe an das Pendant am Times Square in New York. Auf beiden treffen sich die Menschen an den Stufen, um die blinkenden Lichter zu betrachten. Beide sind belebte Plätze und am Abend beim Sonnenuntergang besonders beliebt. Doch was am Times Square flimmernde Reklame ist, das ist in Linz Kunst.

Die Außenhülle des *Ars Electronica Center* wurde 2009 zu den Feierlichkeiten der Verleihung des Titels als Europäische Kulturhauptstadt neu gestaltet. Dabei entstanden auch das sogenannte *Maindeck*, eine Ebene unter freiem Himmel mit der großzügigen Freitreppe, und eine Lichtinstallation, die Abend für Abend das Museumscenter in einen futuristischen Würfel verwandelt. In seinem Inneren widmet sich die Ausstellung der »electronic ars«, also Medienkunst im digitalen Zeitalter. Passend dazu hat sich vor den Toren eine angesagte Freizeitszene entwickelt. Cafés und Bars säumen den Platz um das *Ars Electronica Center* und die Donau. Viele Besucher aber versorgen sich selbst, erklimmen je nach Laune die niedrigen oder höheren Stufen der Freitreppe, die auch für Events und sogar zum Snowboarden genutzt wird. Von hier aus kann man bestens den Schiffsverkehr, das Brückengetümmel und die Farbenspiele in den Fenstern des Museums betrachten: Kreuze erscheinen auf der blanken Fassade, Felder flimmern auf, Muster entstehen.

Von der anderen Donauseite aus erkennt man, dass die Treppe ebenfalls zum Lichtkonzept gehört. Auf ihr nimmt man quasi inmitten der Lichtinstallation Platz. Genau genommen sitzt man entspannt auf der Zukunft. Während sich unter den Stufen in New York ein profaner Ticketstand verbirgt, versteckt sich unter dem Maindeck das *Future Lab*, Atelier und »Think Tank« der Ausstellung. Davon verrät die Treppe allerdings nichts. Sie kann einfach genutzt werden, um den Sonnenuntergang bei einem Kaltgetränk zu beobachten. Ein wenig Manhattan-Gefühl beim Sundowner.

Das am Fuße der Treppe angrenzende *Café Strom* in der Kirchengasse gilt als angesagte Adresse für Tanz und Livemusik.

# 32

**Pöstlingberg**
Bahnabfahrt:
Hauptplatz Linz
A-4040 Linz
www.linztourismus.at

**Kirchenwirt**
Am Pöstlingberg 6
A-4040 Linz
+43 (0)732 731071
www.kirchenwirt-linz.at

# MIT DER REIBUNGSBAHN ZUM SPEKTAKEL

## Pöstlingberg mit nostalgischem Erlebnispark

Kann man einen Vergnügungspark auf einen Hügel setzen? Freilich. Man muss nur eine Straßenbahn hinaufziehen, den Berg aushöhlen und die exponierte Lage mit Blick über die Stadt zu nutzen wissen. Das taten die Linzer am Pöstlingberg bereits früh. Eine der steilsten Adhäsionsbahnen Europas, eine Reibungsbahn, führt seit 1898 durch eine schicke Wohngegend 539 Meter zu einer nostalgischen Erlebniswelt hinauf.

Auf der Anhöhe erwartet die Besucher ein Rundgang mit allerhand Spektakel. Wer auf den Gleisen bleiben will, kann mit der Grottenbahn in den Berg in Kinderträume eintauchen. Über 100 Jahre alt ist der nostalgische Drachenexpress, der durch das Märchenreich von Feen und Elfen führt. Ein Highlight für die Kleinen. Erwachsene schätzen einen Schoppen Linzer Most beim Kirchwirt. Eine willkommene Stärkung, wenn man im Anschluss die Sieben-Schmerzen-Mariä-Kirche – ein Wallfahrtsort samt Gnadenbild –, das Spitzenrestaurant Pöstlingberg Schlössl und das Tiergehege erkunden will. Das Panorama ist ebenfalls nicht zu vernachlässigen, schaut man doch aus idealer Lage auf die Linzer Altstadt und die Donauschleife zwischen Urfahr und Schlossberg hinab. Doch damit nicht genug: Die schönsten Aussichten sind in der Hartlauer Fotogalerie mit der Kamera festgehalten worden und zu bestaunen.

Aufenthalte von Wallfahrern und Ausflüglern auf dem Berg lassen sich bis ins Jahr 1747 zurückverfolgen. Seither wurde das Areal mehrmals überholt und für verschiedene Zwecke genutzt, unter anderem vom Militär mit der Maximilianischen Turmbefestigung. Deren Fundamente findet man noch zwischen Märchenbahn, Schloss, Kirche und Gasthaus am Berg. Dadurch entstand ein prall gefüllter Erlebnishügel samt Bahnfahrt, nostalgischem Vergnügungspark und Einkehr. So sah Naherholung vor 100 Jahren aus, und so gelingt sie noch heute. Den Stadtvätern sei Dank.

Auf halber Strecke hinauf zum Pöstlingberg befindet sich eine Bahnstation für den Zoo Linz im Windflachweg mit zahlreichen einheimischen und exotischen Tieren (www.zoo-linz.at).

33

**k. u. k. Hofbäckerei**
Pfarrgasse 17
A-4020 Linz
+43 (0)732 784110
www.kuk-hofbaeckerei.at

**Schlossmuseum Linz**
Schlossberg 1
A-4020 Linz
+43 (0)732 772052300
www.landesmuseum.at

# WAS WÄRE LINZ OHNE SEINE TORTE?

## k. u. k. Hofbäckerei

Sie gehört zu Linz wie die Sacher zu Wien und die Nockerl zu Salzburg. Auch die Donaustadt verschmäht nach guter alter österreichischer Tradition die Süßspeise nicht. Kulinarisches Wahrzeichen ist die Linzer Torte, ein saftiger Nusskuchen mit Marmelade aus Ribiseln, roten Johannisbeeren. In einem Kaffeehaus gibt es diese sogar mit königlichem Siegel.

In einer ruhigen Seitengasse lockt die von 1889 stammende Schaufassade der K. u. k. Hofbäckerei mit der Auslage. Kastenkuchen in dicken Scheiben warten auf die Zuckermäuler. Torten, Kekse und herzhaftes Frühstück werden in dem museal anmutenden Ladengeschäft angeboten. Kaiserlicher Kult und Kitsch zwischen Franzl und Sisi darf natürlich nicht fehlen. Dank Schlumberger Sekt lässt es sich monarchisch frühstücken oder süß pausieren. Marillenschnitten, Topfenkirschtorte, Verlängerter oder Melange und ein kleiner Tisch im traditionellen Kaffeehausstübchen oder in der ruhigen Gasse – mehr braucht es nicht für den Hochgenuss. Diesen dürfen Linzer und Gäste seit 1371 erleben. Bis in jenes Jahr reicht die Geschichte des Hauses, früher noch Zunftbüro der Bäcker, zurück. Seit über 100 Jahren gilt nun schon der hochgelobte Titel des Hoflieferanten, der von Sr. k. u. k. Hoheit Erzherzog Peter Ferdinand von Habsburg-Lothringen Toskana verliehen wurde.

Die Rezepte aus dieser Zeit werden heute noch verwendet. Darauf ist die Wirtin Corinne Wandling stolz. Schließlich geht die Bäckertradition ungeachtet der Führung weiter. Auch das Wissen von Konditormeister Rath, dem Vorbesitzer, blieb erhalten. Vergrößert darf der Betrieb werden, doch mit all den Konstanten der Kaffeehaustradition, Kuchenkultur und der immerwährend köstlichen Linzer Torte.

Inmitten der Altstadt gelegen, bietet sich das Kaffeehaus als Start- und Frühstückspunkt vor einem Erkundungsspaziergang in Richtung Dom und Schlossmuseum an.

# 34

**Pleschinger See**
A-4040 Plesching

**Restaurant Bellevue**
Seeweg 9
A-4040 Plesching
+43 (0)660 7631323
www.bellevuerestaurant.at

# RUHENDER ALLROUNDER AM STROM

## Pleschinger See mit Restaurant

Nur einen Katzensprung von der Donau in der Pleschinger und Mitter Au ist ein beliebter Badeplatz der Linzer gelegen. Durch die Nähe zum Donauradweg nutzen aber auch viele Radfahrer den Pleschinger See für eine Abkühlung nach einer fordernden Tagesetappe, sollte der Fluss dafür noch kalt genug sein. Das stehende Gewässer erreicht bis zu 23 Grad im Sommer. Es wird nicht von der Donau mit ihren Stromschnellen und eisigen Temperaturen gespeist, sondern aus etwa acht Meter tiefen Grundwasserquellen.

Der Fluss schlängelt sich nur am Pleschinger See vorbei und schmiegt sich an den wärmeren Nachbarn. Dessen Grüngürtel ist in der Badesaison gut besucht. Anhänger der Freikörperkultur finden einen eigenen Abschnitt. So kommt auch manch nackiger Radler, der im kleinen Gepäck keinen Platz mehr für eine Badehose hatte, in den Genuss, ins kühle Nass zu springen. Textilfreunde jeden Alters nutzen die breiten Rasenflächen rund um den Pleschinger See zum Planschen, Picknicken und Pausieren. Für diejenigen, die gar nicht mehr wegwollen oder warten müssen, bis der Badeanzug trocknet, steht ein Campierplatz am Auwald zur Verfügung, der sich an Radler mit kleinem Geldbeutel richtet. Freilich gar kein Portemonnaie braucht es zum Schwimmen, denn der Weiher ist frei zugänglich.

Die Anwohner aus Steyregg, Plesching und Linz besuchen ihren »Plesch« das ganze Jahr. Sind die Temperaturen zum Baden zu niedrig, wird er im Frühjahr und Herbst zum Tauchen oder Angeln und im Winter zum Eislaufen und Eisstockschießen genutzt. Selbst Eisvögel kann man in der Umgebung auf dem beschilderten Naturfreundeweg beobachten. Zudem führt ein zwei Kilometer langer Wohlfühlweg um den See. Ein ruhender Allrounder an der unsteten Donau.

Am »Plesch« sind neben einem Campierplatz und der FKK-Zone Gastronomie und Freizeitangebote für Kinder vorhanden, die gerade in der Sommersaison ausgiebig genutzt werden.

85

**Freibadeanlage Aquarella**
(Mai–September)
In der Au 19
A-4222 St. Georgen
an der Gusen
+43 (0)7237 5624
www.st-georgen-gusen.at

**AktivPark4222**
Turnerweg 4
A-4222 St. Georgen
an der Gusen
+43 (0)7237 2255306
www.aktivpark4222.at

# SPEKTAKULÄR UNSPEKTAKULÄR ABTAUCHEN

## Freibadeanlage Aquarella

Bei all dem Reichtum an kulturellen Gütern, kulinarischen Topadressen und landschaftlichen Höhepunkten entlang der Donau darf auch die profane Entspannung nicht zu kurz kommen. Nach einer anstrengenden Entdeckungstour sorgt ein Besuch der Freibadeanlage Aquarella in St. Georgen an der Gusen für Abhilfe. Etwas oberhalb der Donau in den Mühlviertler Randlagen gelegen, gönnte sich die kleine 4.000-Einwohner-Gemeinde 2015 ein schickes Schwimmbad für ein ordentliches Seelenbaumeln und Vor-sich-Hinträumen – mit allerlei Angeboten, aber ohne unnötigen Schnickschnack.

Also nichts wie hinein in das wohltemperierte, solarbeheizte 25-Meter-Becken, das unweit des Donauradwegs auf seine badefreudigen Besucher wartet. Ohne Überfüllung, Parkplatznot, überzogene Preise oder lange Warteschlangen, dafür aber mit der Ausstattung, die man seit jeher schätzt: einer ruhigen Liegewiese mit viel Platz zum Herumtoben und Kicken, einem überdachten Kinderbecken, zwei feschen Rutschen und natürlich einem ordentlichen Sprungturm. Der lockt nicht nur mit einer herrlichen Aussicht über das Freibad, sondern auch damit, den Dreifachsalto junger, wilderer Zeiten noch einmal zu präsentieren.

Deutlich stilsicherer bleibt man freilich, wenn man das bunte Treiben rund um die Becken gemütlich bei einem Snack mitsamt Kaltgetränk verfolgt. Am Bistro *Zeitlos* kann man in Ruhe die Bauchklatscher und gelungenen Sprünge anderer bestaunen. Zugleich wird einem mal wieder bewusst, wie wenig es doch braucht, um an einem Sommertag glücklich zu sein. An diesem so spektakulär unspektakulären Ort, dessen Freuden im wahrsten Sinne des Wortes zeitlos sind.

Nach dem Schwimmbad geht es abends in den *AktivPark4222*: Von Otto Schenk über Roland Düringer bis Alfred Dorfer geben sich im Veranstaltungsraum bekannte Künstler die Klinke in die Hand.

36

**Stadtturm am Hauptplatz**
A-4470 Enns
www.enns.at

**Hotel-Restaurant Zum goldenen Schiff**
Hauptplatz Enns 23
A-4470 Enns
+43 (0)7223 86086
www.hotel-brunner.at

# Österreichische Superlative

## Hauptplatz mit Stadtturm

Superlative liegen den Ennsern. Schließlich leben sie in der wahrscheinlich ältesten Stadt Österreichs, die bereits 1212 das Stadtrecht erhielt. Das haben sie sich gegen die Konkurrenten aus St. Pölten erstritten. Die Besiedlung liegt noch deutlich weiter in der Vergangenheit und geht auf das Römerlager Lauriacum zurück. Stolz präsentiert die Gemeinde ihre Historie mit einem neuen App-Wanderweg *Via Lauriacum*, der anhand von multimedialen Stationen durch den Ort führt.

Start- und Angelpunkt ist der Hauptplatz im Herzen von Enns, der zu den schönsten von ganz Österreich zählt. Umsäumt von historischen Gebäuden, prangt in seiner Mitte der 60 Meter hohe Stadtturm. An Silvester wird vom Wahrzeichen mit dem Doppeladler ein Feuerwerk abgebrannt, das die Stadt und den Neujahrshimmel illuminiert. Ganzjährig kann man den historischen Bau besteigen und dort oben sogar übernachten, auf den Spuren der einstigen Türmerin, die in luftiger Höhe drei Kinder gebar und zusammen mit ihrem Schäferhund die Hoheit wahrte. Das ebenso geschichtsträchtige Museum *Lauriacum* im ehemaligen Rathaus wartet mit antiken Mosaiken und römischen Funden auf. Gut einkehren lässt es sich gleich daneben im *Goldenen Schiff* oder beim *Platzhirsch* in der Fürstengasse 3. Gestärkt kann man mit der App den kurzen Spaziergang zum Schloss Ennsegg und zum Georgenberg unternehmen, wo man anhand von 3-D-Animationen und Videos Rekonstruktionen der römischen Vorzeit betrachtet.

Egal durch welche beschauliche Gasse man spaziert, entlang von erhaltenen historischen Mauerstücken – der Turm bleibt immer Orientierungspunkt im Städtchen. Mit Recht präsentiert Enns sich stolz seinen Gästen, denn es darf getrost nicht nur als älteste, sondern auch als eine der schönsten Städte in Oberösterreich bezeichnet werden.

Die App *Via Lauriacum* bietet kostenfrei die mobile Führung auf dem Römerrundweg durch Enns und liefert gut aufbereitete Informationen zur römischen Geschichte.

87

**Paneum Asten**
Kornspitzstraße 1
A-4481 Asten
+43 (0)7224 8821400
www.paneum.at

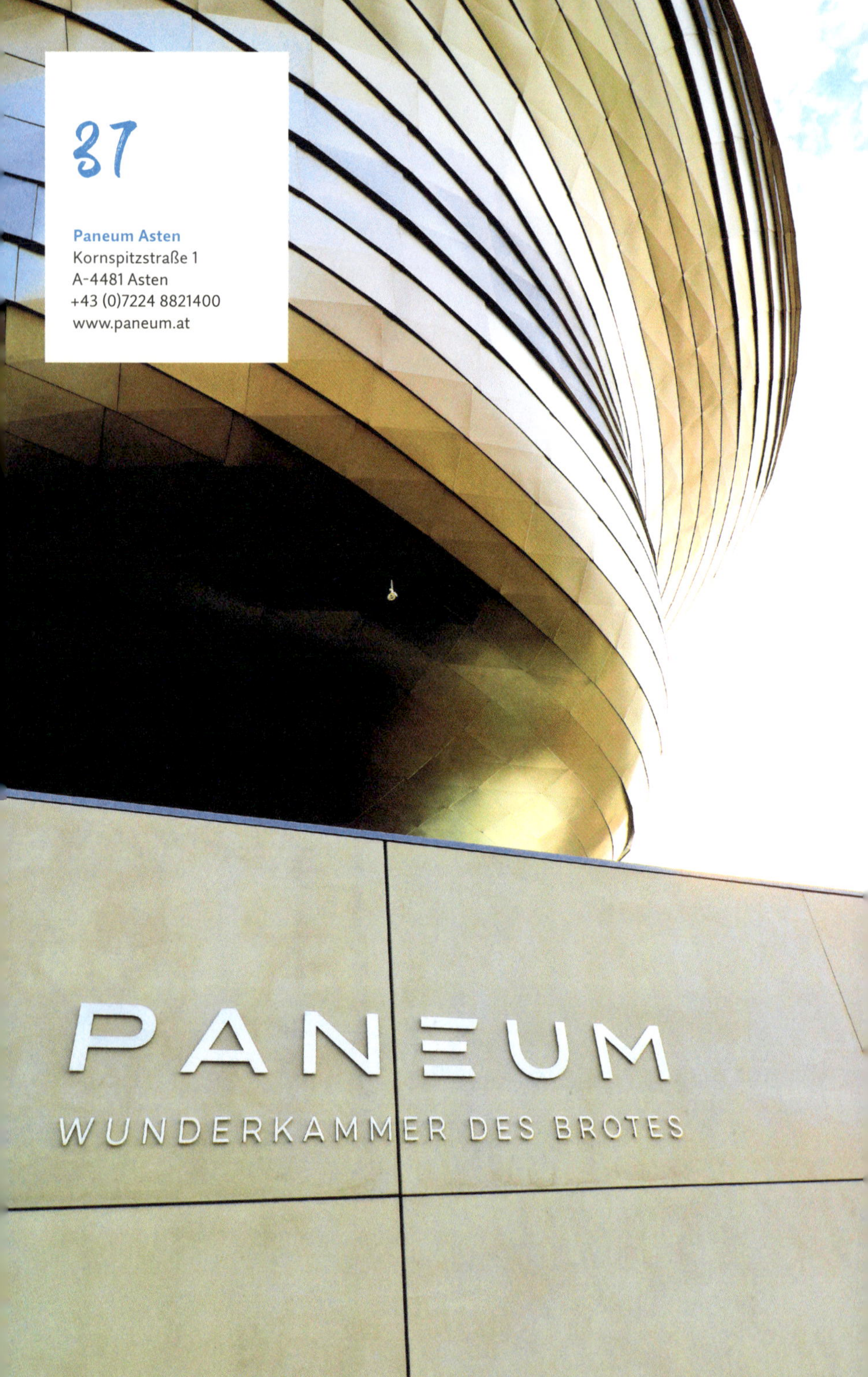

# BROT FÜR DIE WELT

## Brotmuseum *Paneum Asten*

Eine Wunderkammer wollte Unternehmer Peter Augendopler eröffnen. Dabei blieb er seinem Metier treu und betrieb einiges an Aufwand. Das Architekturbüro *Coop Himmelb(l)au*, das unter anderem für die BMW-Welt in München verantwortlich zeichnet, baute ihm in Asten einen wahren Brottempel. In dem futuristischen Gebäude versammelt der Besitzer einer Backmittelfirma Exponate über die Geschichte und die Bedeutung des Grundnahrungsmittels der Menschheit.

Das sogenannte Wolkenschiff zeigt alle Facetten rund um das Brot. Durch ein freitragendes Treppenschneckenhaus steigt man in die obere Ebene und taucht in die Historie des Backens ein. Die Ausstellungsstücke hängen von der Decke und an den Wänden der Rotunde. Bis in die ägyptische Vorzeit reicht die Sammlung. Kornmumien kann man bestaunen, griechische Mehlmörser und hetitische Bäckerminiaturen. Im Treppenhaus prangen Werke namhafter Maler, die sich mit Backwerk beschäftigt haben. Dazu gehört auch der Popartkünstler Roy Lichtenstein, der auf Lebkuchen gemalt hat, und Coco Chanels eigens designte Ähren und Kamelien.

All das soll den Zuschauer dazu animieren, über das Brot für die Welt nachzudenken. Dabei lernt man viel über drakonische Strafen aus dem Mittelalter, als fälschende Bäcker noch Schandmasken tragen mussten oder in die Bäckerschwemme getaucht wurden. Meissener Porzellanfiguren entführen in die Zuckerbäckerwelt mit allerlei Süßem und Filigranem.

Am Ende jeder Führung darf der Besucher selbst zubeißen und den firmeneigenen Verkaufsschlager, den Kornspitz, testen. Spätestens dann wird ihm die Bedeutung des Brotes und Augendoplers Hingabe dafür bewusst, der mit dem ästhetisch-modernen Tempel den Museumsgänger an seiner Wunderkammer teilhaben lässt.

Einen Ausflug ins *Paneum* kann man von Linz aus oder als Abstecher vom Donauradweg in Richtung Asten und Enns unternehmen.

# 38

**Augustiner Chorherren-stift St. Florian**
Stiftstraße 1
A-4490 St. Florian
+43 (0)7224 89020
www.stift-st-florian.at

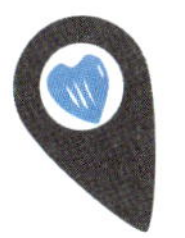

## Bruckners letzte Ruhestätte

Augustiner Chorherrenstift St. Florian

Er wollte eine letzte Ruhestätte am Ort seines Schaffens finden. Diesen Wunsch hat man Anton Bruckner erfüllt. Die Gruft unter der Orgel der Marienkirche im Stift St. Florian ist eigentlich Pröbsten und Adeligen vorbehalten. Doch der Komponist und Organist leistete an dem Instrument derart Großes, dass für ihn eine Ausnahme gemacht wurde. Heute besuchen Musikfreunde Wirkungsstätte, Grab und Museum des Kirchenmusikers.

Die anspruchsvolle Brucknerorgel wurde von dem oberösterreichischen Komponisten beherrscht wie von keinem anderen. 103 Register werden über vier Manuale zum Klingen gebracht. 7.386 Pfeifen ertönen, bis heute oft zu Brucknerklängen. Die Töne dringen bis zum silbernen Zinnsarg in der darunter liegenden Gruft, in dem der gebürtige Ansfelder beigesetzt wurde. Wunsch erfüllt.

Der dem heiligen Florian gewidmete Stift feiert heutzutage die Musik und seinen Organisten mit dem hauseigenen Florianerchor und mit Konzerten. Darüber hinaus zeigt Stiftsführer Wolfgang Pressl bei Führungen weitere Schätze im von ihm gehegten Bau. Mit eigenen Händen hat er die Habsburgerzimmer gereinigt, damit sie für die Zuschauer in neuem Glanz erstrahlen, hat zur Veranschaulichung seine Schachfiguren aus Kindertagen auf die Schmucktische in den Herrscherappartements gestellt. Anhand solcher Details können sich Besucher bestens vorstellen, wie es in den Räumen zur Zeit Maria Theresias zuging.

Kenntnisreich erklärt der Guide das Prachtstück des Stifts, den Altdorfer Altar aus den Jahren 1509 bis 1518. Höhepunkte seiner Tour sind die Begehung des imperialen Marmorsaals mit Szenen aus den Türkenkriegen und ein Blick in die Bibliothek. Nach dem Besuch der Stiftskirche steigt man hinab in die Gruft, die sich Bruckner mit etwa 6.000 Gläubigen teilt, deren Glieder in Reihen geschichtet sind. Sie wollten nicht beim Komponisten, aber in der Nähe des Patrons des Stiftes, des heiligen Florian, begraben sein. Bruckners Kompositionen allerdings dringen von oben aus der Kirche zu allen gleichermaßen hinunter.

Dem heiligen Florian verpflichtet gibt es im Klostertrakt auch ein Feuerwehrmuseum mit Exponaten aus der Geschichte des Brandschutzes.

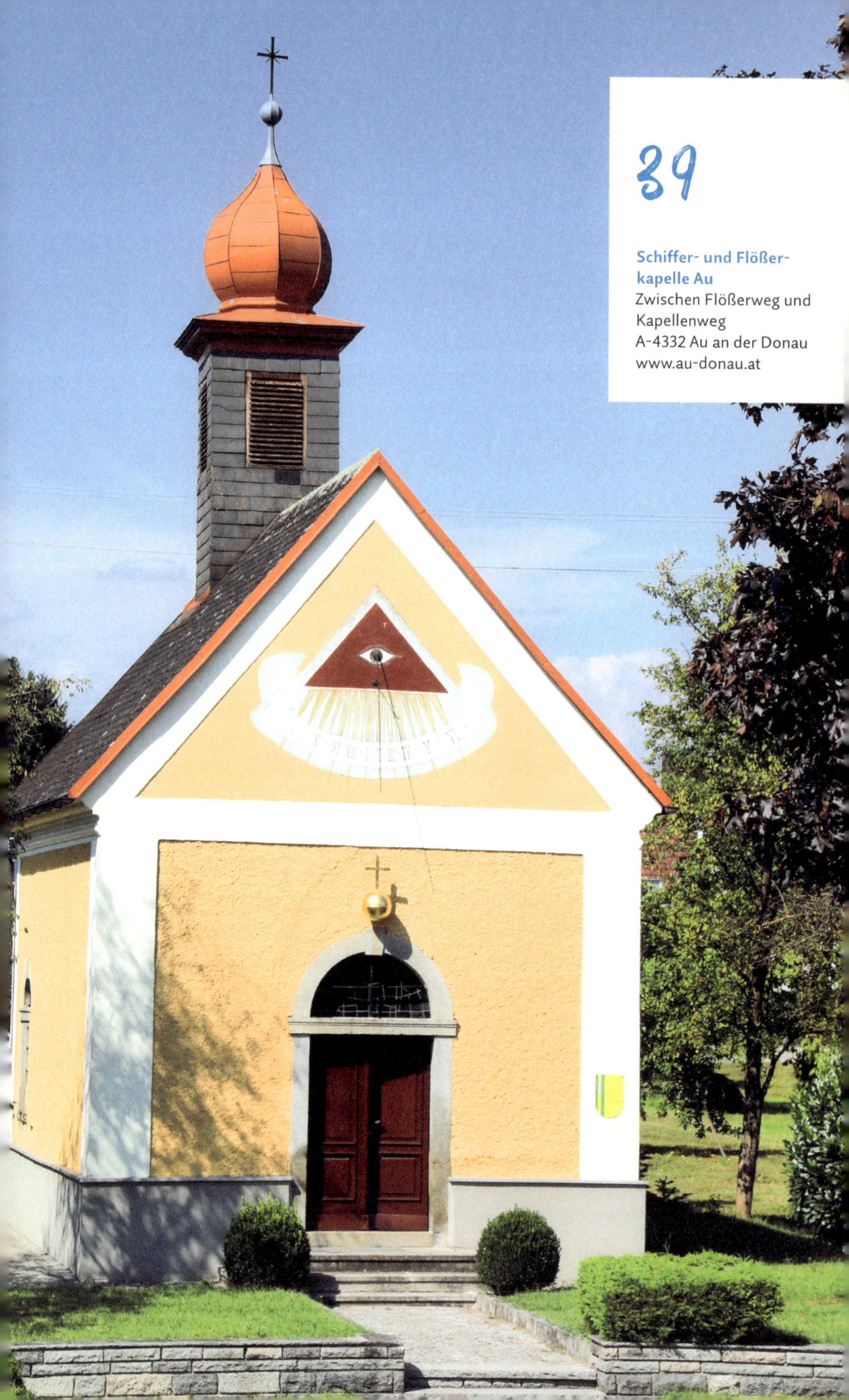

39

**Schiffer- und Flößerkapelle Au**
Zwischen Flößerweg und Kapellenweg
A-4332 Au an der Donau
www.au-donau.at

# EIN KLEINER GARTEN EDEN

## Schiffer- und Flößerkapelle Au

Mit den Äpfeln begann das ganze Unheil, als Eva ihren Adam mit der saftigen roten Frucht verführte. Seither hat die katholische Kirche ein gespaltenes Verhältnis zu dem Obst. Schließlich wird ja auch kein Apfelwein bei der Messe ausgeschenkt.

Die schwierige Beziehung hat die Kirchenväter jedoch nicht davon abgehalten, einen kleinen Apfelgarten rund um die Schiffer- und Flößerkapelle Au im Machland anzulegen. Ein Glück für Besucher, denn am Donauufer ist ein Paradies auf Erden entstanden. Legen wir eine Pause im Schatten der Bäume ein und warten, bis uns die verbotene Frucht quasi auf den Kopf – oder besser noch – in den Mund fällt. Newtons Gesetz der Erkenntnis gilt und kann zur Erntezeit am eigenen Leib erfahren werden.

Die Flößerkapelle, die dem heiligen Nikolaus von Myrna geweiht ist, lohnt ebenfalls einen Besuch. Vom Radweg aus betrachtet, sticht der gelbe Bau am Rand hervor. Einiges hat er mitgemacht. Von den Franzosen wurde er im napoleonischen Krieg 1806 von der anderen Uferseite aus beschossen und in Brand gesteckt. Das Hochwasser 1899 hat ihn überwältigt und zerstört. Auf private Initiative wurde die Flößerkapelle daraufhin von der Naarner Bevölkerung im 20. Jahrhundert neu errichtet. Sie birgt, wie viele Donaukirchen, aus dem Fluss angeschwemmte Votivtafeln. Sie stammen aus dem Jahr 1682 und werden seither bei Wallfahrten angebetet.

Sehr viel Heiliges muss in der Donau über die Jahrhunderte geschwommen sein. Somit sorgten die Hochwasser für eine gehörige Umverteilung an Reliquien. Den Paradiesgarten der Kapelle haben sie bei der Gelegenheit gut gewässert, weswegen dieser gedeiht und prächtige Adamsäpfel darin wachsen. Eine Kiste voller Pflückobst steht übrigens auch Nichtkatholiken zur Verfügung. Eine Versuchung.

Ein moderner App-Wanderweg erklärt das Machland und die Auenwälder und führt an der Promenade direkt an der Kapelle vorbei.

# 40

**Aulehrpfad**
Startpunkt: Camping Au an der Donau
Hafenstraße 1
A-4332 Naarn im Machland
www.camping-audonau.at
www.aulehrpfad.at

Informationen:
**Marktgemeinde Naarn im Machlande**
Perger Straße 2
A-4331 Naarn
+43 (0)7262 58255-0
www.naarn.at

## Die Flusswiesen erkunden

### Aulehrpfad

Auen genießen mitunter ein schlechtes Image: unwegsames Gelände, wilde Natur und immer überschwemmt, wenn man sie durchqueren möchte. Wie viel mehr sich jedoch in den Uferlandschaften verbirgt, offenbart der Aulehrpfad bei Naarn, dessen Entstehung auf eine Kooperation der Gemeinde mit Schulen in St. Florian und Yspertal zurückgeht. Seit 2016 kann man auf dem rund sieben Kilometer langen Rundweg das Machland kennen und schätzen lernen.

Eine Richtung des Weges widmet sich den unterschiedlichen »Lebensräumen« des Machlands, angefangen beim Wasser über Wiesen und Wälder bis hin zum Asphalt und Schotter. Neben interessanten Einblicken in die vielfältige Tier- und Pflanzenwelt überzeugen vor allem die unterhaltsam aufbereiteten Stationen zu Bienen, zum Naturteich sowie zum *Fischaufstieg* – einem Kunstwerk von Miguel Horn.

Geht man in die andere Richtung, folgt man der Themenreihe »Erlebensräume« zu einer Vielzahl von landschaftsprägenden Einrichtungen inmitten der Au. Diese reichen von alten Kirchen über Fischerei- und Hochwasserschutzanlagen, Freizeitangebote und Jagdreviere, einen Schaubienenstock und den Yachthafen bis hin zum Aussichtsturm. Erklimmt man Letzteren, eröffnet sich ein wunderbares Panorama der bunten Vielfalt dieses herrlichen Natur- und Kulturraums. Das Wahrzeichen und unbestrittener Höhepunkt jedes kleineren Besuchers ist »Doni«, der begehbare Fisch, dessen Silhouette den gesamten Aulehrpfad ikonisch prägt.

In Zeiten, in denen Orte mit immer spektakuläreren künstlichen Erlebniswelten um Touristen werben, ist der Aulehrpfad Naarn ein angenehm unaufgeregter Lichtblick und zugleich eine lehrreiche Bereicherung einer jeden Donauerkundung.

Am besten lernt man die Region mit einem echten »Machländer« auf einer geführten Tour kennen. Interesse? Die Marktgemeinde informiert Sie gerne: 07262 582550!

41

**Keltendorf Mitterkirchen**
(April–Oktober)
Lehen 12
A-4343 Mitterkirchen
+43 (0)7269 6611
www.keltendorf-mitterkirchen.at

# EINMAL IM BETT MIT DEN BARBAREN

Keltendorf Mitterkirchen

Einen Pfau hielten sich die Kelten im Machland wohl noch nicht als Haustier. Dieser Exot schaut heute trotzdem gerne vom Nachbarhof einmal vorbei, schlägt sein Rad und posiert für Bilder. Ihm scheint es im Keltendorf zu gefallen, und damit geht es ihm wie den vielen jungen und alten Besuchern in Mitterkirchen.

Die Besiedlung des Machlands durch Kelten ist vor über 2.700 Jahren belegt. Die bemerkenswerte Frühgeschichte der Region würdigt ein Museum mit aktiven Angeboten. Einen Abstecher von der Donau wert ist das rekonstruierte Keltendorf, das in die spannende Vergangenheit entführt. Über 20 Gebäude wurden auf dem Gelände errichtet. Ein Gräberfeld fehlt ebenso wenig wie recht gemütlich anmutende Wohnbauten mit Exponaten aus dem Leben der Kelten. Sogar in ein mit Stroh gefülltes Bett darf man sich legen oder Handwerkern bei der Arbeit zusehen. Historisches Material wurde bei den Rekonstruktionen verwendet. Wenn man bedenkt, mit wie viel Bündeln Reet ein neues Dach gedeckt wird, staunt man über die frühen Fertigkeiten der einstigen Donausiedler im sogenannten Barbaricum.

Das Keltendorf zeichnet nach, wie die Menschen jenseits der römischen Reichsgrenze und damit der damaligen Zivilisation sesshaft wurden. Allzu barbarisch ging es nicht zu, was ausgetüftelte Töpfer- und Weberwerkstätten beweisen. Der Grabhügel gibt über Glaubenstraditionen der frühen Zivilisation Aufschluss.

Das Dorf lädt Kinder und Erwachsene mit vielen leicht aufbereiteten Informationen auf eine Abenteuerreise in die Frühgeschichte ein. Stilecht einkehren kann man bei einer Jausenstation mit Flair einer Keltenschenke.

Das Keltendorf ist wie viele Sehenswürdigkeiten an der Donau in der Sommersaison zwischen April und Oktober geöffnet.

42

**Radlerbauernhof Moser**
Mitterkirchen 27
A-4343 Mitterkirchen
+43 (0)7269 8311
www.radlerbauernhof-moser.at

# WIE EIN PROFI RASTEN

## Radlerbauernhof Moser

Von den Profis unter den Radtourenfahrern und Fernwanderern kann man so einiges lernen. Neben Hinweisen zur Gefährt- oder Schuhwahl und zur richtigen Kleidung geben sie wertvolle Tipps, wie man die Pausen zwischen anstrengenden Etappen am besten gestalten kann. Hat man Linz einmal hinter sich gelassen, hört man den einhelligen Rat: »Beim Radlbauernhof Moser müsst's unbedingt einkehren!«

Keine 300 Meter vom Donauradweg entfernt, im beschaulichen Mitterkirchen, betreiben Christine und Andreas Moser eine Radfahrerraststation, die keine Wünsche offenlässt. Im schmuck restaurierten Bauernhof, der sich seit 1772 im Besitz der Familie befindet, erhalten hungrige und durstige Mäuler die perfekte Jause. Äußerst schmackhaft sind die zahlreichen selbstgemachten Speisen, die von Marmelade über geräucherte Wurstwaren und Ziegenkäse bis hin zu Kuchen und Torten reichen. Zur perfekten Erfrischung gönnt man sich am besten einen Apfel-, Birnen-, Trauben- oder Quittensaft aus eigener Produktion, im Schatten der Bäume, an denen die Früchte noch kurz zuvor gehangen haben.

Nun wissen wir aber von den Profis unter den Tourenradfahrern und -wanderern, dass bei einer echten Jause ein »Schluckerl Alkohol« nicht fehlen darf – wenn man ihn sich redlich verdient hat. Was könnte also schöner sein, als sich nach einer anstrengenden Etappe ein Glas des hervorragenden Moser-Mosts zu gönnen – ebenfalls aus handverlesenem Obst aus Eigenanbau selbstverständlich? Oder vielleicht doch einen selbstgebrannten Schnaps? Ein schlechtes Gewissen braucht man keineswegs zu haben, denn passende Fremdenzimmer stehen für den erholsamen Schlaf bereit.

Der barrierefreie Hof eignet sich auch als Ausgangspunkt für Tagestouren, sei es zu Fuß oder mit dem Rad. Familie Moser gibt gerne entsprechende Tipps!

43

**Schloss Greinburg**
Greinburg 1
A-4360 Grein
an der Donau
+43 (0)7268 700718
www.schloss-greinburg.at

# DAS DONAUMOSAIK

Schloss Greinburg

In diesem Fall stammt das Kunstwerk tatsächlich aus der Donau, ist an selbiger gelegen und bietet ein prächtiges Beispiel frühneuzeitlicher Architektur. Die Sala terrena (ebenerdiger Saal) in der Greinburg wurde 1625 als Mosaikraum aus Donaukieselsteinen für den Grafen von Meggau gebaut und besticht als künstliches Blumenbild samt Rustikagrotte. Wenn vom Hof das Plätschern des Springbrunnens herüberdringt, steht man wahrlich in einer perfekten Kulisse. Der Raum, auch »Steinernes Theater« genannt, ist detailgetreu inszeniert. Die Blätter in den Blumenvasen an den Wänden schimmern grün, während die vom Wasser natürlich geschliffenen Kieselsteine weiß und silbern leuchten.

Der Saal aber bietet neben dem Rittersaal samt Habsburgergalerie, der barocken Schlosskapelle mit Weihnachtsaltar und dem beheimateten Schifffahrtsmuseum mit großflächigen Dioramen nur eines der vielen Höhepunkten der Greinburg. Das Wahrzeichen thront über dem Ort Grein und befindet sich seit 1823 im Besitz des bayerischen Adelsgeschlechts der Sachsen-Coburgs. Allein der Innenhof mit Jagdtrophäen und Springbrunnen zeigt, wie die Repräsentation der einst österreichischen und später bayerischen Adeligen beeindrucken sollte. Ist in Österreich auch der Adel abgeschafft, so bleiben seine selbstbewussten Zeugnisse. In diesem Falle reicht die Geschichte des Schlosses bis ins Jahr 1488 zurück.

Die noch heute genutzten Fürstenzimmer lassen sich bei einer Führung besichtigen. Der Donaublick außerhalb der Burgmauer ist immer möglich. Die Sicht auf Ortschaft, Hügel und Donau entführt den Betrachter gedanklich in einstige Zeiten, stammen doch die Kieselsteine in der Sala terrena aus eben jenem Strom, der sich vor einem an die Ortschaft schmiegt. Hinter den Burgmauern ist der Beweis zu sehen, wie man aus Natur Kunst machen kann.

Im Sommer finden im Rittersaal der Greinburg mittlerweile barocke Opernaufführungen im historischen Ambiente statt.

44

**Stadttheater und Stadtmuseum**
Stadtplatz 7
A-4360 Grein
an der Donau
+43 (0)7268 7055
www.stadttheater-grein.at

**Kaffeesiederei Blumensträußl**
Stadtplatz 6
A-4360 Grein
an der Donau
+43 (0)6601 577425
www.blumenstraeussl.at

# Österreichs älteste Bühne

## Stadttheater und Stadtmuseum

Die erste Reihe kann Monika Eichinger nicht empfehlen. Weil man den Hals stark verdrehen muss, um auf die 1,50 Meter hohe Bühne hinaufzublicken. Lieber auf der Galerie oder einem der anderen 119 Sitze in den ansteigenden Rängen Platz nehmen. Zugleich verrät Monika noch ein Geheimnis, nämlich woher der Begriff des Sperrsitzes stammt: Diesen konnten Abonnenten hochklappen und damit absperren, damit auf diesem Platz niemand anderes eine der 150 Vorstellungen pro Jahr im Greiner Stadttheater genoss.

Dieser Genuss währt nun seit 1791, als die Bürger im Getreidespeicher ihres Rathauses einen Theatersaal einrichteten. Der Raum ist bis heute erhalten und macht dieses Kleinod zur ältesten Bühne Österreichs. Stolz führt die Platzanweiserin und gute Seele des Hauses Monika durch ihr Theater. Sie verweist auf den gealterten, doch immer noch eindrucksvollen Bühnenvorhang, der eine historische Ansicht des Ortes zeigt. Der Fundus ist im ehemaligen Kerker untergebracht, in dem sich von Hand beschriftete Kisten mit Uniformen und Busenleiberln stapeln.

Das ebenfalls im alten Rathaus untergebrachte Museum widmet sich der Geschichte des Theaters und präsentiert bemerkenswerte Produktionen des Greiner Stammensembles, das in dieser Besetzung seit über 50 Jahren besteht. Zudem widmet sich die Ausstellung der Ortsgeschichte. Eine sympathisch bunte Sammlung berichtet von den Anfängen des Tourismus und der Historie des Rathauses. Im Keller findet sich ein zweiter Veranstaltungssaal für Lesungen und Diskussionsabende, denn die Anfragen für ein Gastspiel im berühmten Greiner Theater sind zahlreich. Hauptsächlich aber spielen einheimische Schauspieler und Laien in ihrem Haus, auf ihrer Bühne mit ihrer Geschichte. Ein Vorstellung zu genießen, am besten nicht aus der ersten Reihe, gehört zu den besonderen Erlebnissen an der Donau.

Eine ebenfalls historische Überraschung bietet das alteingesessene Kaffeehaus Blumensträußl seit 1865 mit Kaffeekultur vergangener Zeit und Wiener Charme.

45

**Antik-Kabinett**
Hohensinner Lukas
Kreuzner Straße 8
A-4360 Grein
an der Donau
+43 (0)7268 7862

# IN ALTEM NEUES FINDEN

## Antik-Kabinett Lukas Hohensinner

Die Greiner profitierten immer von der Donau. Sie verdingten sich als Fährleute, Händler, retteten in den Stromschnellen havarierte Schiffer gegen Entlohnung und etablierten früh im 19. Jahrhundert die Sommerfrische im nahen Strudengau. Mittlerweile lockt der Tourismus samt Schifffahrt und Fahrradfahrerstopps. Zeugnisse des vergangenen wie gegenwärtigen Reichtums bieten Altstadt und Schloss Greinburg. Im Kleinen aber kann man den persönlichen Wohlstand der Greiner bestaunen, wenn man in Lukas Hohensinners Antik-Kabinett stöbert.

Der Eingang wird von zwei Kulissenfiguren flankiert, eine alte Theaterreklame – passend zum unweit gelegenen Stadttheater – lockt in das Reich voller Truhen, Schränke und Auslagen mit allen erdenklichen Schätzen. Im Inneren findet sich alles, was das Sammlerherz erfreut: Silberwaren, Lampen, historische Postkarten und Gemälde, Puppen, Schmuck. Auch Kitsch und Kruscht, der in einem kleinen Antiquitätengeschäft nicht fehlen darf. Der kundige Besucher unterscheidet Qualität von Nippes.

Hilfreich berät der Besitzer Hohensinner persönlich die Kundschaft oder verschifft das neu erworbene Lieblingsstück, wenn es partout nicht in die Radtasche oder den Kreuzfahrerkoffer passen will. Viel geht nach Übersee, ein Kopf König Ludwigs nach Bayern und zahlreiche kleine Andenken direkt in die Tasche der stöbernden Gäste. Lukas kennt den Hintergrund all seiner Exponate und zählt sich zudem stolz zu den ehemaligen Darstellern der berühmten Stadtbühne, weswegen Kulissen seinen Laden säumen. Er passt in sein charmantes Geschäft, selbst ein wenig Kunstfigur mit altmodischer Bart- und Haarpracht. Ein Liebhaber in einem kleinen Laden, der heute mit Stücken von einst vom Reichtum einer geschichtsreichen Donaugemeinde erzählt.

Der Laden befindet sich auf dem Weg zwischen Stadttheater und Greinburg und ist ein idealer Stopp auf einem Altstadtrundgang.

46

**Stillsteinklamm**
Startpunkt: historischer Stadtplatz Grein
Stadtplatz 5
A-4360 Grein
an der Donau

**Aumühle**
Panholz 17
A-4360 Grein
an der Donau
+43 (0)7268 8130
www.aumuehle.at

# EINEN SCHATZ HEBEN

## Wanderung zur Stillsteinklamm mit Einkehr

Freunde von Wanderungen durch abwechslungsreiche Landschaft kommen in Grein an der Donau voll auf ihre Kosten. Der Gießenbach, dessen Quelle im nördlich gelegenen Hochland des Mühlviertels liegt, hat sich östlich des Ortes tief durch den Wald gegraben. Die entstandene Stillsteinklamm zieht jedes Jahr Tausende von Naturliebhabern in ihren Bann.

Der historische Stadtplatz bietet einen idealen Ausgangspunkt für den rund sieben Kilometer langen, gut ausgeschilderten Wanderweg. Von dort geht es nach Osten über die Austufen der Donau bis zum Aussichtspunkt Werfensteinblick, der ein wunderbares Panorama auf die gleichnamige Burg ermöglicht. An dieser Stelle öffnet sich das Tal, das sich tief in das kristalline Felsgestein geschnitten hat. Inmitten des dichten Waldes fühlt man sich unmittelbar in eine andere Welt versetzt. Sanfte, flache Abschnitte wechseln unverhofft mit engen Windungen, offene Passagen mit Stegen und schmalen Graten, die eng an hoch aufragenden Granitfelsen vorbeiführen.

Das Herz der Klamm erreicht man kurz nach einem Wasserfall. Nachdem sich soeben noch stetes Plätschern mit fröhlichem Vogelgezwitscher und leisem Blätterrauschen zum orchestralen Naturklang vereinigt hat, wird es plötzlich vollkommen ruhig. Man ist am *Stillen Stein* angelangt, einem beachtlichen Granitfelsen, der den Bachverlauf in den Untergrund verdrängt hat. An eben dieser Stelle, so weiß die Sage, muss ein unermesslicher Schatz liegen, der denjenigen gehört, die wahre Liebe in sich tragen. Aber was weiß die Sage schon?

Wahre Liebe geht ja bekanntlich durch den Magen. Und den besten Schweinsbraten weit und breit findet man gleich etwas nördlich, am Stausee vorbei, in der Aumühle am Ende des Wanderweges. Nur für den Fall der Fälle natürlich, dass man am *Stillen Stein* leer ausgegangen sein sollte …

Alternativ können Sie die Wanderung direkt vom Klammeingang und der zünftigen Jausenstation Gießenbachmühle aus starten.

# 47

**Burg Werfenstein auf Insel Wörth**
A-3323 Neustadtl
an der Donau
www.neustadtl.gv.at/insel-woerth

# NATÜRLICHE GRENZE MIT GESCHICHTE

## Insel Wörth mit Burg Werfenstein

Sie teilt zwei Bundesländer, entstammt aus einem Felsmassiv und ist einzigartig. Die Insel Wörth bildet die letzte verbliebene Donauinsel, die aus herabstürzendem Gestein entstanden ist. Dadurch entstanden zwei gefürchtete Donauarme, die Strudel, an denen so mancher Schiffer über die Jahrhunderte gescheitert ist. Auch Prominente befinden sich unter den Verunglückten: Kaiserin Sisi havarierte hier bei einer ihrer vielen Donaufahrten. Damit wurde sie unfreiwillige Besucherin des Eilands. In der Folge ließ ihr Franzl eine Staustufe anlegen, und das berüchtigte Strudengau wurde künstlich befriedet.

Durch ihre exponierte Lage wurde die Insel bereits in der Steinzeit besiedelt. Funde stammen zudem von einem Kastell aus der Zeit Marc Aurels. Auf den Resten des Römerlagers entstand später eine Raubritterburg, die genutzt wurde, um vorbeifahrende Schiffe auszubeuten. Auch die in direkter Nachbarschaft gelegene Burg Werfenstein am Ufer diente diesem Zweck. Durch allerhand Hände ging das Eiland im weiteren Verlauf der Geschichte. Die Grafen von Sachsen-Coburg besaßen es ebenso wie eine nicht minder prominente Monarchin, nämlich Königin Viktoria von England. Das britische Oberhaupt hätte gerne – ebenso wie die Grafen – einen englischen Garten inmitten der Donau gesehen. Daraus wurde nichts.

Heute sind nicht nur das Wasser und das Leben um die Insel Wörth friedlich. Sie ist ein Ruhe- und Schutzraum für die Natur geworden. Die Greiner Bürger verhinderten eine geplante Zementfabrik und eine Bungalowsiedlung. Das Eiland, das sich mittlerweile im Besitz Österreichs befindet, wurde nach 1970 zum Naturschutzgebiet erklärt. Auf knapp 14 Hektar gedeihen seltene Enzian- und Glockenblumenarten. So verbleibt die Insel Wörth zwischen Ober- und Niederösterreich einzigartig, natürlich und mittlerweile ruhig zwischen Strudeln und Geschichte inmitten der Donau.

Von Sankt Nikola aus führt ein Wanderweg auf die Burg Werfenstein, von der man die schönste Aussicht auf die Insel Wörth hat.

48

**Fahrradmuseum**
Herrengasse 12
A-3370 Ybbs an der Donau
+43 (0)7412 52612
www.ybbs.gv.at/ybbs-die-stadt/tourismuskultur/fahrradmuseum/

## AUFSTEIGEN UND LOSSTRAMPELN

Fahrradmuseum

»Nicht berühren!«, heißt es in den meisten Museen, was vor allem den kleinen Besuchern oft schwerfällt. Nicht aber im Fahrradmuseum in Ybbs, denn dort gehört das Anfassen und Mitmachen zum Programm. Wer sich traut, erklimmt auf schmalen Steighilfen ein Velociped, nimmt in voller Montur Platz und darf einmal den Mann auf dem Hochrad mimen. Ein sinnliches Erlebnis, was Höhenangst, Sitzkomfort und Tretkraft angeht. Kostüme und Requisiten für das perfekte historische Radler-Selfie sind ebenfalls vorhanden.

Kuriositäten hat die Gemeinde Ybbs, die für das Museum verantwortlich zeichnet, einen besonderen Platz in der Ausstellung eingeräumt: einem Feuerwehrfahrrad samt Schlauch, einem Drahtesel samt Säbelscheide für Offiziere und den langen probaten Hundekanonen, Knallkörper, die Fahrradfahrer auf wilde vierbeinige Verfolger warfen. Das als »Knochenschüttler« bezeichnete Velociped verzichtete noch – seinem Namen verbunden – auf jegliche Form von Dämpfung. Doch dann beschritt man die Neuzeit mit ersten Schaltungen, Freilauf, Nonnenmoped und Accessoires für die radelnde Dame. Die Kinderwelt im Keller des Museums ermöglicht es den Kleinen, aufzusteigen und sich auf dem Drahtesel zu probieren.

2019 wurde die 20 Jahre lang gewachsene Ausstellung ausgebaut. Warum das Ganze in Ybbs kurz vor dem Stift Melk angesiedelt ist? Weil viele Fahrradtouristen durch den Ort kommen und sich sicherlich für die Geschichte ihres Gefährts interessieren. Moderne Errungenschaften wie Schaltung, Übersetzung, Gelsattel und Gummireifen schätzt man tatsächlich mehr, wenn man weiß, dass früher auf Gusseisen über Pflastersteine geradelt wurde. Hat man die Radgeschichte ertastet und erfühlt, freut man sich, wieder auf sein Mountain- oder E-Bike zu steigen.

Auch wenn Sie mit dem Fahrrad zum Museum kommen – stellen Sie es hier ab und spazieren Sie zu Fuß durch die historische Altstadt von Ybbs.

49

**Altstadt rund um den Killiansbrunnen**
Hauptplatz
A-3370 Ybbs

**Stadtmuseum**
Herrengasse 23
A- 3370 Ybbs

# HISTORISCHE HALTESTELLE

Altstadt rund um den Killiansbrunnen

An der Haltestelle der elektrischen Kleinstraßenbahn am Hauptplatz in Ybbs kann man lange warten. Gefahren wurde hier nur zwischen 1907 und 1952. Seither dient die Haltestelle mit Informationstafel als Erinnerung. Lohnenswerter ist ohnehin ein Spaziergang durch die historische Altstadt.

Am Tor zwischen Strudengau und Nibelungengau liegt die beschauliche Gemeinde Ybbs, die neben Gusen mit einem der ungewöhnlichsten Stadtnamen an der Donau aufwarten kann. Ebenso wie Gusen geht Ybbs auf die Bezeichnung für einen Fluss zurück, der in die Donau mündet. An dieser Stelle entstand der romantische Ortskern zwischen Hauptplatz, Kirchenplatz und dem östlich gelegenen Schiffmeisterplatz. Spuren des Mittelalters, der Gotik und der Renaissance lassen sich an Gebäuden und Plätzen ablesen. Auch der imposante Henker Kilian auf dem Stadtbrunnen verweist auf die über 700-jährige Geschichte des Ortes. Dort befand sich früher der Pranger, an dem der Henker den Blutbann durch Köpfen ausführte. Mehr über ihn und auch die Straßenbahn kann man im Stadtmuseum in der Herrengasse lernen.

Ybbs hat sich durch Brände und Modernisierungen zwar stetig gewandelt, doch seinen Charme behielt der Ort. Diesen spürt man beim Verzehr einer Kardinalsschnitte im Babenbergerhof ebenso wie beim Ratsch mit den freundlichen Einheimischen. Bei einem Streifzug durch die Altstadt, beginnend am Hauptplatz mit dem historischen Rathaus, gelangt man bis zur monumentalen ehemaligen Renaissanceburg, die heute – von der Donau gut einsichtig – als Krankenpflegeschule dient. An der Promenade entlang kann man zurück zur Pfarrkirche Sankt Lorenz und dem Palais Gatterburg, dem einzig erhaltenen Barockbau der Stadt, spazieren. Nach der Tour wartet man vielleicht gerne noch einen Moment an der historischen Haltestelle.

Empfehlenswert ist der jüdische Friedhof der Gemeinde, der nach Schändungen im dritten Reich wieder hergestellt wurde und zu besuchen ist.

# 50

**Wallfahrtsbasilika zur schmerzhaften Muttergottes**
Taferl 1
A-3672 Maria Taferl
www.basilika.at
Mechanische Krippe:
Hauptplatz bei der Basilika

# WALLFAHREN ZUR MADONNA

## Basilika zur schmerzhaften Muttergottes

Als bedeutendste Pilgerstätte Niederösterreichs erhebt sich die Basilika von Maria Taferl seit 1660 weithin sichtbar über der Donau. Die Zeugnisse der seither stattfindenden Wallfahrten können im Kircheninneren besichtigt werden.

Steigt man linkerhand neben dem Eingang die Stufen zur Orgel hinauf, fallen die vielen Dankesbilder auf: Mariendarstellungen, Grußkarten und Bittgesuche, die erhört wurden. Krebsleidende, werdende Mütter, Gebrechliche und Kranke haben Persönliches hinterlassen. Ältere prunkvolle Votivgaben aus der 350-jährigen Pilgergeschichte birgt die Schatzkammer: verzierte Kelche, Gold und Edelstein. Doch die neueren privaten Dankesgaben hinterlassen mehr Eindruck als die prächtigen Geschenke der Vergangenheit. Ein Gang entlang der Bilderreihen rührt.

Für überzeugte Katholiken bewirkt das kleine Gnadenbild der schmerzhaften Madonna, das im Hauptaltar eingelassen wurde, Wunder. Damit ihre Gebete erhört werden, pilgern unzählige Gläubige hinauf nach Maria Taferl zu den beiden Zwiebeltürmen der prominent gelegenen gelben Basilika. Zugleich erleben sie ein atemberaubendes Panorama. Inmitten des Nibelungengaus reicht der Blick über die Donau bis ins Voralpengebirge.

Die Aussicht wird von jedem geschätzt, der vor der Basilika steht. Zumal man direkt zur Donau hinunterspazieren kann. Der Ort Maria Taferl hat sich mit Hotels und Lokalen auf Wallfahrer und Touristen eingestellt. Wer dabei den großen Sakralbau im Kleinen betrachten möchte, dem sei die kunstvolle, mechanische Krippe in direkter Nachbarschaft der Pilgerstätte empfohlen. Über 300 Figuren, die gerade an der Kirche bauen, ein Alpenpanorama und viele liebevolle Details sind nachgebildet. Die Miniatur zeigt das Ausmaß und die Bedeutung des Wallfahrtsortes, an dem so manchem im Gebet und in großer Not beigestanden wurde.

Neben der Basilika kann das Kloster der Oblatenmönche von der makellosen Jungfrau Maria auf dem Taferlberg besucht werden.

## 51

**Oskar-Kokoschka-Dokumentation und -Haus**
Regensburgerstraße 29
A-3380 Pöchlarn
+43 (0)2757 7656
www.oskarkokoschka.at

**K. u. K. Stadtkaffee**
Thörringplatz 1
A-3380 Pöchlarn
+43 (0)2757 2450

# Alles »OK«

## Oskar-Kokoschka-Haus

Mit einem knappen »OK« signierte Oskar Kokoschka manches Kunstwerk. In seiner Geburtsstadt Pöchlarn prangen die zwei Buchstaben von der Fassade seines Geburtshauses, das heute noch dem weltberühmten Künstler gewidmet ist. Anders als bei Egon Schiele in Tulln war man sich immer einig, dass der große Sohn des Städtchens gewürdigt werden muss. Dieser gründete noch persönlich den dazu passenden Verein, der bis heute das Werk Kokoschkas erforscht und anhand von Sommer- und Dauerausstellungen der Öffentlichkeit zugänglich macht.

1886 erblickte Oskar Kokoschka in Pöchlarn als zweiter Sohn eines Handelsreisenden das Licht der Welt. Nach einem erfüllten, freudvollen, gewitzten und ertragreichen Leben verstarb er im hohen Alter 1980 in Montreux, fern von seiner Geburtsstadt. Zu dieser Zeit bestand bereits dort das Dokumentationszentrum. Der Künstler selbst hatte Pöchlarn früh verlassen, zog nach Wien, spater nach Prag und London. Kokoschka wurde unter anderem durch Alma Mahler geprägt, entwickelte sich zum Maler, Grafiker und Schriftsteller. Als Wegbereiter des Expressionismus prägte er die Epoche mit seinen Porträts und Landschaften.

Der Künstlerpersönlichkeit Kokoschka kommt man in der Bibliothek der Sammlung und durch die Exponate zu seinem Lebensweg näher. Seine Werke werden im Rahmen wechselnder Sommerausstellungen gezeigt. Mittlerweile ist in seinem Geburtshaus auch das Kulturzentrum der Stadt mit Präsentationen anderer Künstlern eingezogen, die von Kokoschka beeinflusst wurden. Das OK-Dokumentationszentrum forscht in dem Gebäude weiterhin über den Maler und hat einen Schwerpunkt dabei auf dessen grafische Arbeit gelegt. Somit hat Oskar Kokoschka sich selbst ein Denkmal in seiner Heimatstadt gesetzt, die stolz dafür das O. K. gab.

Besuchen Sie im Anschluss das Zentrum von Pöchlarn samt Promenade und dem hübschen *K & K Stadtkaffee.*

52

**Stift Melk**
Abt-Berthold-Dietmayr-Straße 1
A-3390 Melk
+43 (0)2752 555232
www.stiftmelk.at

# ANNÄHERUNG AN EINE PRACHTABTEI

## Stift Melk

»Daß wir, statt weiter zu fahren, in Melk Rast machten, reut uns nicht. Allein der Anblick der hoch thronenden, alten Benediktiner-Abtei [...] sowie die Überfahrt mit der Fähre über die breite, stark strömende Donau waren es wert.« So beschreibt einer der ersten Automobilreisenden, Otto Julius Bierbaum, 1903 seinen Eindruck von Stift Melk.

Das herrschaftliche Kloster über dem gleichnamigen Ort hat bis heute nicht an Wirkung verloren. Im Gegenteil. Schon von Weitem sieht man das imposante Bauwerk, radelt man nach Melk. Man nähert sich über die Kraftwerksbrücke und den Kreuzfahrthafen dem lang gezogenen gelben Prachtbau in herrschaftlicher Höhe. Hat man im Anschluss den Stiftsberg erklommen, tritt man in einer wohl angelegten Klosterszenerie vom Vorhof zum Innenhof hinauf auf die Aussichtsterrasse vor der Kirchenfassade. Von hier aus eröffnet sich ein schöner Blick zurück auf die Donau. Das Innere des großzügigen Gebäudekomplexes besticht nicht weniger. Die Stiftsbibliothek kann es leicht mit Anna-Amalias Sammlung in Weimar aufnehmen. Die 2001 erneuerte Ausstellung über das Leben der Benediktiner schafft einen ausgenommen modernen Zugang ins Ordensleben, der durch die neu geschaffene Nordbastei samt Wachaulabor der Klosterschüler eine zeitgenössische Ergänzung erhalten hat. Höhepunkt des Kulturensembles bildet die in rötlichem Marmor schimmernde Stiftskirche voller barocker Pracht. Gemütlichen Abschluss findet der Rundgang im weitläufigen Paradiesgarten mit dem herrschaftlich ausgestalteten Kaffeepavillon und der Parkanlage.

Puh, mag so mancher denken. Ganz schön vollgepackt. Doch die Schönheit des Flecks, die Bedeutung als geistliche Stätte, die unter anderem von Kaiserin Maria Theresia geschätzt wurde, und die vielfältige Ausstellung zwischen Schatzkammern und Prachtaltären geben Bierbaum Recht. Melk muss man sich nähern, erwandern und dort verweilen.

In der Nordbastei im Eingangsbereich finden sich temporäre Ausstellungen, von Stiftschülern zusammen mit Wissenschaftlern gestaltet, und eine Aussichtsterrasse zur Donau hin.

58

**»Zahnwehherrgott« in der Stiftskirche Melk**

Abt-Berthold-Dietmayr-Straße 1
A-3390 Melk
+43 (0)2752 555232
www.stiftmelk.at

# EIN KREUZ ZUM ANBEISSEN

## »Zahnwehherrgott« in der Stiftskirche Melk

Man könnte meinen, der Zahn der Zeit habe an dem gotischen Holzkreuz aus dem Jahr 1478 genagt. Schließlich hat das Kruzifix eine weite Reise hinter sich, war lange in Wien am Stephansdom aufgestellt, bis es Platz in der Kreuzkapelle im Stift Melk erhielt. Doch die Abnutzung der Christusfigur, die man an der rechten Außenseite der Stiftskirche besuchen kann, geht auf eine andere Geschichte zurück.

Besieht man sich die Füße des Gekreuzigten, erkennt man nur mehr abgenagte Stummel. Die im Volksmund »Zahnwehherrgott« genannte Figur sollte gegen besagte Schmerzen helfen, weswegen sich über Jahrhunderte Gläubige kleine Holzspäne aus dem Sockel herausbrachen und zwischen die wunden Zähne steckten. Andere sollen gleich direkt ins Kreuz gebissen haben, um Linderung zu erfahren. Ob dies glückte, weiß man freilich nicht. Der Glaube mag geholfen haben, denn der Verschleiß an der gotischen Statue deutet auf großen Anklang.

2015 erhielt der Herrgott ein modernes Gewand in der Andachtskapelle. Auf dürren Apfelbaumzweigen, vereinzelt mit Blumen geschmückt, wirkt er noch eindrucksvoller als zuvor. Eine Lichtinstallation soll an den Ostermorgen, an die Auferstehung erinnern. Damit wurde gotische Kirchenkunst geschickt im Hier und Jetzt in Szene gesetzt. Erst auf den zweiten Blick fallen die Nagespuren an der Christusfigur auf. In der Kreuzkapelle herrscht trotz der Besuchermassen im Kirchenschiff eine besinnliche Atmosphäre. Sie soll denjenigen einen Andachtsraum bieten, die nicht allein die barocke Pracht der Stiftskirche bestaunen möchten. Seine einstige Funktion hat der »Zahnwehherrgott« zwar nicht mehr inne, doch auch Beten soll bei allerlei Schmerzen helfen, versetzt doch der Glaube bekanntlich Berge.

Der »Zahnwehherrgott« ist ohne Stiftsbesichtigung frei zugänglich. Die gesamte Stiftskirche ist nur mit einem Ticket zu besichtigen.

**54**

**Metzgerei Josef Sdraule**
Hauptstraße 2
A-3390 Melk
+43 (0)2752 52447
www.sdraule.at

# Fleischliche Genüsse in Klosternähe

## Imbissmetzgerei Josef Sdraule

Es ist schon ein Kunststück, eine Metzgerei am zentralen Dorfplatz in eine Cocktailbar, Imbissstube und angesagten Treffpunkt für Einheimische und Gäste zu verwandeln. Josef Sdraule gelang dies. Nur Veganern fällt der Zugang freilich schwer. Diese können zumindest zum Hugolino oder zum zapffrischen lokalen Haselbräu greifen, denn die Speisekarte ist gänzlich der Fleischlust gewidmet.

Mit Knödel gefülltes Bauchfleisch, Kümmelbraten, frisch gegrillte Bratwürste oder geräucherte Saumaisen sorgen seit über 100 Jahren für fleischliche Genüsse. Das wissen auch die Stiftsherren von Melk, die sich von Sdraule beliefern lassen. Der stattliche Metzger mit verschmitztem Lächeln steht persönlich für die Qualität seiner Ware. Als letzter verbliebener Fleischer am Ort vertrauen kirchliche und weltliche Kunden auf seine kleinen Verführungen. Für Radfahrer entlang der Donau bietet sein Geschäft eine willkommene Rast und großzügige Proviantpakete zu moderaten Preisen.

Stolz verweist dabei die Seniorchefin auf den Nachwuchs, der die Metzgertradition weiterführen soll. Ein Familienunternehmen durch und durch. Das merkt man dem geschäftigen Betrieb mit kleiner Stube und praller Auslage an. Bei der Auswahl hilft das ausgesprochen freundliche Personal und empfiehlt, sich lieber hinzusetzen und am Tisch zu essen anstatt unterwegs. Recht haben sie. Am schönsten ist es tatsächlich auf der Terrasse im Herzen von Melk mit Sicht auf das Stift Melk bei einem Cocktail oder Bier zum Tagesabschluss. An trüben Tagen lohnt die Schmankerlstube für eine Einkehr.

Bringen Sie ein wenig Zeit für ein gehaltvolles Mittagessen mit, lassen Sie sich beraten und in die Wachauer Fleischeslust entführen. Denn nach einem gefüllten Braten beim Sdraule radelt es sich gestärkt weiter.

Den Fleischer am Hauptplatz kann man gar nicht verfehlen. Davor oder danach bietet sich eine Besichtigung des Stifts und des Ortskerns an.

55
Burgruine Aggstein
Schönbühel 47
A-3392 Aggsbach-Dorf
+43 (0)2753 8228
www.ruineaggstein.at

# DIE DONAUFESTUNG

## Burgruine Aggstein

Sie als Ruine zu bezeichnen beleidigt die Burg Aggstein, da noch viel Mauerwerk erhalten ist. Zudem wurde nachgebessert, und die Räume um den Hof sind heute mit Leben und Kultur gefüllt. Aggstein birgt neben Kapelle und Taverne eine über 800-jährige Geschichte.

Seit dem 12. Jahrhundert wurde sie auf die heutigen beträchtlichen 150 Meter Länge erweitert und thront auf 300 Metern Höhe über einem breiten Donauabschnitt. Die Burg schmiegt sich an den Felssporn, der Teile des Mauerwerkes bildet. Stein und Natur verbinden sich zu einer Einheit, die der Festung Halt und Schutz bieten sollte. Dieser konnte jedoch nicht immer aufrechterhalten werden. Die Osmanen nahmen Aggstein während der Türkenbelagerung 1529 ein und brandschatzten, wodurch die Anlage das erste Mal zur Ruine verkam.

Glücklicherweise wurde sie von einer Dame gerettet. Ihr heutiges Gesicht verliehen ihr Frauenhände im 17. Jahrhundert. Damals renovierte Anna von Polheim-Parz die Burg und verwandelte sie in ein kleines Renaissancejuwel. Rittersaal und Rosengarten entstanden. Diese sind heute Ausstellungsflächen, die einen kindgerechten Einblick in das Ritterleben ermöglichen. Miniaturen im historischen Gemäuer erklären die Geschichte der Donaufestung und ihrer Bewohner, erzählen von Raubrittern, Belagerern und Burgfräulein. Junge Besucher können die Ruine zudem anhand von Abenteuerspielen erkunden, einmal selbst zum Ritter werden oder bei Themenführungen im Kostüm der weisen Frau in die Vergangenheit folgen.

Ihre letzte Veränderung erfuhr die Festung 2003 mit dem Einbau von Sichtstegen, die die Wehrgänge ersetzen. Neben Ritteressen, Christkindlmarkt und Mittelalterfest ist Aggstein das ganze Jahr über gut besucht und belebt – und wahrlich keine Ruine im klassischen Sinne.

Das angrenzende Felsmassiv ist bei Kletterern mit einer Vorliebe für spektakuläre Routen mit atemberaubendem Panorama beliebt.

56

**Fundort und Museum Venusium**
Willendorf 68
A-3641 Willendorf in der Wachau
+43 (0)676 5174546
www.willendorf.info

# DIE FÜLLIGE SCHÖNHEIT AUS DER VORZEIT

## Fundort und Museum Venusium

»Es war an einem herrlichen Augustmorgen des Jahres 1908, als die Venus von Willendorf nach vieltausendjährigem Schlaf die sonnenhelle Wachau wiedersah.« So schrieb das Wiener Tagblatt im Jahr 1910 über den sensationellen Fund in Niederösterreich. Eine vergleichbare archäologische Sensation der jüngeren Altsteinzeit bilden nur die Höhlen von Lascaux in Frankreich.

Die Entdeckung war eher zufällig. Bei den Bauarbeiten zur neuen Bahnstrecke nach Krems fand der Prähistoriker Josef Szombathy im Schutt der Trasse das nur elf Zentimeter große Wunder der Geschichte. Rund 25.000 Jahre alt ist die kleine Plastik, die eine gesichtslose Schönheit und Fruchtbarkeitsgöttin darstellt. Individuelle Züge fehlen, denn dem Urheber ging es um Primäres. Die als Venus bezeichnete Kalksteinfigur wurde von einem vorzeitlichen Künstler mit Feuerstein bearbeitet. Er wollte die vollkommene Verkörperung der Fruchtbarkeit schaffen. Die schweren Brüste, die Leibesfülle und das Becken zeugen von diesem Idealbild des Gravettiens. Dieses Zeugnis frühester Kunst in der Erdgeschichte war prompt eine Sensation. Schnell wurde die Venus berühmt und von Szombathy nach Wien entführt, wo sie noch heute ein zentrales Ausstellungsstück des Naturhistorischen Museums darstellt. Mittlerweile darf sie in keinem Schulbuch mehr fehlen.

In Willendorf hat man die kleine Dame großformatig nachgebaut und ihr ein Museum gewidmet. An der Originalfundstelle werden die Grabungen erklärt und die Bedeutung der Venus beleuchtet. Dort steht sie nun selbstbewusst, mit Blick auf die Donau, wo der Weinbau bis ans Ufer reicht. Noch immer führt die Bahnlinie an ihr vorbei. Sie aber schaut weiterhin auf ihre Wachau, die sie länger als alle Besucher kennt und die sie nach vieltausendjährigem Schlaf wieder erblickte.

Das Venusium in Willendorf wurde als kleine Ausstellung über die Entdeckungen in der Region in der Nähe der Venus-Fundstelle konzipiert.

# 57

**Hofladen Franz Muthentaler**
Schwallenbach 50
A-3620 Spitz an der Donau
+43 (0)676 4873769
www.muthenthaler.eu

**Gasthof Prankl**
Hinterhaus 16
A-3620 Spitz an der Donau
+43 (0)2713 2323
www.gasthaus-prankl.at

# IM OBSTGARTEN KOSTEN UND RUHEN

## Weingut und Hofladen Muthenthaler

Die Experimentierfreude ist Franz Muthenthaler anzumerken. Der Weinbauer in fünfter Generation probiert gerne Neues. Stolz hebt er ein Glas seines Röslers, einer gelungenen Eigenkreation aus den Sorten Zweigelt und Blaufränkisch. Auch Roten macht er mittlerweile – wohl dank der Klimaerwärmung, wie Franz zugibt. Doch nicht nur das: In seinem Hofladen bei Spitz kommt neben dem obligatorischen Grünen Veltliner inzwischen ebenso Alkoholfreies auf den Tisch.

Aus dem eigenen Anbau stellt der Winzer Nektarinennektar, Säfte, Marmeladen, Senf und Essig her. Von den Nachbarn holt er Honig und Öle dazu. Kosten darf man das alles in der Einkehr in seinem Obstgarten oder im Hofladen. Besonders stolz ist er dennoch auf seinen Veltliner Barrique. Der Hochprozentige lagert 13 Jahre im Eichenfass und darf wegen dieser Dauer keinesfalls mehr als Grappa bezeichnet werden. »Das ist Cognac«, sagt der Wein- und Obstbauer, der seit 1830 etwa drei Hektar in zum Teil schwieriger Hanglage an der Donau bewirtschaftet. Einer der wenigen Winzer mit Marmorböden ist er, was seinen Rebsäften eine mineralische Note verleiht. Außerdem spritzt er nicht. Nur wässern müsse er ordentlich in den heißen Sommern, dann gedeihe der Wein von allein.

Dem Obst tut die Wärme ebenfalls gut, weswegen er den vorbeiziehenden Radfahrern die Früchte direkt anbieten kann. Je nach Saison und Ertrag. Das lockt Touristen in den kühlen Hofladen im Untergeschoss des Bauernhauses, in dem man sich die Radtaschen mit den hauseigenen Produkten vollladen kann. Alles, was man nicht mehr tragen oder auf Rädern transportieren kann, liefert Muthenthaler frei Haus in die Heimat. Selbstredend. Die Auswahl macht es auch schwer, nur *einen* Barrique, *einen* Pfirsichsaft oder *ein* Glas Marillenmarmelade mitzunehmen. Und dank Franz' Experimentierlust wird sich seine Produktpalette in den nächsten Jahren sicherlich vergrößern und neu regionale Erzeugnisse umfassen, die es zu kosten gilt.

Vom Hofladen sind zu Fuß Spitz und der Ortsteil Schwallenbach zu erreichen, die mit hübschen Altstädten locken, und der Ruine Hinterhaus, die man vom Gasthof Prankl in 20 Minuten erreicht.

58

**Teufelsmauer am Donauufer**
Höhe Donau-Bundesstraße 19
A-3620 Spitz an der Donau

**Kirche St. Johann im Mauerthale**
An der Bundesstraße
Oberarnsdorf
A-3621 Oberarnsdorf

# HAHN SEI DANK

## Teufelsmauer am Donauufer

Das mit dem Teufel ist so eine Sache. Überall mischt er mit. Immer hat er das Nachsehen. Gott sei Dank. Bei vielen Legenden im christlichen Abendland erprobt Satan immer wieder seine Macht. Sei es bei den Gründungsgeschichten von Donaubrücken wie in Regensburg oder beim Dombau in München. Der Schauplatz einer besonderen Geschichte des Sagenschatzes ist das Donauufer bei Spitz.

In der Wachau wettete der Teufel einst mit Gott, dass er über Nacht eine massive Mauer errichten könne, die vom Schlossberg in Schwallenbach quer über die Donau bis zur Roten Wand unter St. Johann im Mauerthale führen sollte. Damit wäre der Fluss unterbrochen und Europa zweigeteilt. Fast wäre ihm sein Vorhaben gelungen, hätte nicht ein tierischer Frühaufsteher ihn empfindlich gestört. Der Legende nach soll ein schlafloser Gockel vor Sonnenaufgang lautstark gekräht haben, was den Höllenfürst von der Vollendung seines Werkes abhielt. Eine andere Version besagt, der blecherne Hahn von St. Johann sei in diesem Moment zum Leben erwacht.

Wie auch immer – der Beelzebub hatte wieder einmal das Nachsehen, doch sein unfertiges Bollwerk steht bis heute zackig am Ufer. Die Donau konnte einst ungehindert weiterfließen, und auch die Teufelsmauer ist mittlerweile mithilfe moderner Technik durchbrochen worden. Hindurch wurde Österreichs kürzester Eisenbahntunnel gegraben. Auf etwa zwölf Meter Länge beweist er, dass sich neben dem Hahn auch der Mensch dem Satan entgegenstellen kann.

Eindrucksvoll und sagenreich prangt die Mauer am Ufer in der Wachau. Den besten Blick darauf hat man an Bord der Donauschiffe. Dass diese ungehindert die Felsformation passieren können, ist einem tierischen Frühaufsteher geschuldet. Hahn sei Dank.

Der blecherne Hahn samt Pfeil im Gesäß, den der wütende Teufel abgeschossen haben soll, sitzt auf der Kirche in St. Johann.

59
Schifffahrtsmuseum Spitz
Auf der Wehr 21
A-3620 Spitz an der Donau
+43 (0)2713 2246
www.schifffahrtsmuseum-spitz.at
SCHIFFAHRTSMUSEUM
SPITZ A.D. DONAU

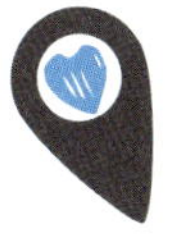

# STROMAUFWÄRTS, STROMABWÄRTS

## Schifffahrtsmuseum

Von der Donau aus sieht man Spitz direkt. Seine schönste Seite allerdings wendet der Ort nicht gerade dem Fluss zu. Um es kennenzulernen, muss man schon ein wenig tiefer in das beschauliche Weinstädtchen vordringen. Entlang der Ottenschlager Straße gelangt man zu einem kleinen Museumsjuwel, das sich der Schifffahrt gewidmet hat.

Die Ausstellung ist in den Erlahof gezogen, früher ein Lesehof des bayerischen Stiftes Niederaltaich. In barocker Pracht entstand ein Schloss für die Geschichte der Schifffahrt auf der Donau. Im dazugehörenden Garten stehen Flöße und Boote. Im Inneren finden sich Gemälde, Miniaturen und Rekonstruktionen. Von römischen Galeeren über Holzboote des Mittelalters bis zu Dampfern aus dem 19. Jahrhundert folgt die Sammlung dem Strom bei seiner Entwicklung als Transportweg auf und ab. In Lebensgröße kann man einem Schiffreiter bei seiner beschwerlichen Arbeit zusehen, wie er Boote stromaufwärts mit nur einer Pferdestärke ziehen musste. Die Flößerei und das Treideln werden anschauungsreich präsentiert. Im Prälatensaal ist zudem eine Schifferorgel ausgestellt, daneben stehen Kuriositäten wie ein Leibschiff. Auch ein Wrack aus dem Jahr 1810 – das älteste, das an der Oberen Donau entdeckt wurde – ist Teil der Sammlung. Von dem Boot, das man in Altenwörth aus dem Wasser zog, ist allerdings nicht viel übrig geblieben. Zu bestaunen ist darüber hinaus Wachauer Keramik.

Einen Blick wert ist auch das prachtvolle Barockgebäude, das vom Glück und Leid auf dem Fluss berichtet. Wenn man dieses Kleinod in Spitz gefunden hat, lohnt es sich, im Ort zu verweilen, entlang der Weinterrassen zum Heurigen zu wandern und die schmucken Altstadtfassaden am Kirchplatz zu betrachten. Spitz hat viel zu bieten, auch wenn sich dies von der Donau aus nicht unbedingt vermuten lässt.

Vom Museum aus gelangt man schnell zum Weinwanderweg und zur Weinlage Tausendeimerberg in Spitz.

60

**Tausendeimerberg**
Quitten 1a
A-3620 Spitz an der Donau

**Weinwanderweg**
Startpunkt: Kirchenplatz
A-3620 Spitz an der Donau
www.niederoesterreich.at/a-weinwanderweg-spitz

# DER STOLZ DER WACHAU

## Weinlage Tausendeimerberg

Stolz sind die Wachauer auf vielerlei. Zu Recht natürlich. Da ist ihre sanfte hügelige Landschaft, das breite Donautal, der berühmte Wachauer Wein, regionale Köstlichkeiten wie die süßen Marillen und ihre Berge. Ein besonderer Hügel bei Spitz an der Donau trägt den Stolz der Bewohner gleich im Namen: der Tausendeimerberg.

Bei der Bevölkerung wurde die offizielle Bezeichnung Burgberg von dem Titel als ertragreiche Weinlage verdrängt. In sonniger Lage werden hauptsächlich Riesling und Veltliner angebaut. In einem guten Jahr sollen die Weinbauern laut Volksmund 1.000 Eimer benötigen, um all die Trauben von den Weinstöcken ins Tal nach Spitz und die Nachbargemeinden zu tragen. Ein Eimer entspricht dabei stolzen 56 Litern, was den Tausendeimerberg auch zu einem 56.000-Liter-Weinberg macht. So einfach ist das mit dem Namen.

So schön ist auch diese Anhöhe über der Donau. Zwischen Reben und Weinlaub kann man mit fantastischer Sicht auf den Fluss umherwandern. Von Spitz aus ist die Weinlage nur einen verlängerten Spaziergang entfernt. Selbst wer nicht gut zu Fuß ist, kann diese Aussicht genießen. Je nach Jahreszeit tragen die Weinstöcke dicke Früchte, im Spätherbst strahlt gelbes Laub, und im Frühjahr beobachtet man die zarten Äste beim Wachsen. Dann fällt es schwer, sich vorzustellen, wie prächtig sie tragen werden, damit zur Ernte 1.000 Eimer – und nicht weniger – benötigt werden. Schließlich werden die Massen an Trauben in den berühmten Wachauer Wein verwandelt.

Den ungewöhnlichen Namen der Lage tragen mittlerweile auch der Federspiel-Riesling vom Weingut Gritsch und eine Pension in Spitz. Am Weinberg kann man beim Buschenschank sitzen und gleich aus einem der 1.000 Eimer kosten. Es muss ja nicht gleich ein ganzer sein.

Der Weinwanderweg Spitz ist mit einem Flaschensymbol gut ausgeschildert und führt vom Ort in die Weingärten auf dem Tausendeimerberg.

61

**Wehrkirche St. Michael mit den sieben Hasen**
Sankt Michael 7
A-3610 Weißenkirchen in der Wachau

**Weinschenke St. Michael**
Sankt Michael 1
A-3610 Weißenkirchen in der Wachau
+43 (0)2713 2055
www.weinschenke-stmichael.at

# TIERISCHE BLITZABLEITER

## Wehrkirche St. Michael mit den sieben Hasen

Was für Tiere sollen es denn nun sein, die da auf dem Dachfirst der Kirche St. Michael hocken? Manche erkennen Hirsche, andere Rösser. Die meisten gehen von Hasen aus. Betrachtet man die Figuren genauer, dann könnten es jedoch auch Esel, Gnus oder Hyänen sein. Besonders ausgefeilt wurde an ihnen nicht gearbeitet. In Wahrheit befinden sich nur mehr Duplikate auf St. Michael, nachdem die Originale nach Krems ins Weinstadtmuseum umgesiedelt wurden. In welcher Form auch immer – ungewöhnlich sind die tierischen Blitzableiter ohnehin. Zudem verwundert es, dass es die ursprünglichen Skulpturen auf dem steilen First so lange ausgehalten haben. Schließlich standen sie seit 1520 dort, bis man sie vor der Witterung rettete.

Sicher ist, dass Karl der Große um 800 im heutigen Sankt Michael, einem Teilort von Weißenkirchen, eine Wehrkirche errichten ließ. Im Laufe der Jahrhunderte kamen ein als Karner bezeichnetes Beinhaus und eine Wehranlage hinzu. Die sieben Hasen auf dem Dach aber machen St. Michael bekannt. Es handelt sich wohl um die Darstellung einer Jagdszene, doch viel schöner ist die Kirchenlegende: Demnach war einmal nicht das Donauhochwasser schuld, sondern so starker Schneefall, dass es den Tieren gelang, über die meterhohen weißen Massen aufs Gotteshaus zu hoppeln. Dort verharrten sie zu lange, denn als der Schnee schmolz, kamen sie nicht mehr vom Dach herunter, und so sitzen sie dort noch immer.

Eine andere Version der Geschichte deutet den ersten der Hasen als Hirsch, der für den verfolgten Christus steht, dem sechs Häschen oder Rösser folgen. Wieder andere wollen wissen, dass sich der Kirchenunterstützer Siebenrößl mit den Figuren als Stifter verewigt hat. Da die Menschen nicht lesen konnten, griff er zu tierischen Symbolen aus Terrakotta. Eine recht schöne Verwirrung herrscht in diesem Tierreich und im Kirchenreich, was auch daran liegt, dass man sich den vermeintlichen Hasen auf dem Dach leider nicht nähern kann, um dem Mythos auf den Grund zu gehen.

Da es sich um eine Wachauer Kirche handelt, ist der Weg zur nächsten Schenke und zu einem Weingut nicht weit. Die gleichnamige Einkehr *St. Michael* lädt in direkter Nachbarschaft zur Verkostung.

62

**Zugfahrt mit der Wachaubahn**
(März–Oktober)
Station Dürnstein-Oberloiben
A-3601 Dürnstein
Fahrpläne und Angebote:
www.wachaubahn.at

# ENTLANG DER WACHAUER WEINGÄRTEN

## Zugfahrt mit der Wachaubahn

Gerade einmal 15 Minuten dauert die Zugfahrt zwischen Dürnstein und Krems durch das Reisperbachtal. Fast schon zu kurz, wenn man bedenkt, durch welche reiche Region man reist. Entlang der Donau zieht die Wachaubahn gemächlich durch die hüglige Landschaft, die wegen ihres Bodens, der Sonne und des Klimas dem Grünen Veltliner zu internationaler Berühmtheit verhalf. Die Bahnstrecke führt von Krems direkt durch Weinberge, Traubengärten und Winzerterrassen, bis nach Emmersdorf an der Donau.

Glücklicherweise gibt es Zwischenstopps, an denen man die Umgebung länger auf sich wirken lassen kann. Und ein jeder lohnt sich. Neben dem Haupttourismusziel Dürnstein stehen die Gemeinden Stein, Mautern, Unterloiben, Oberloiben und Weißenkirchen für die Wachauer Weintradition wie keine anderen. Die Ortschaften an der Wachaubahntrasse beheimaten für viele die schönsten Weingärten entlang der Donau. Wer sie nicht per Rad, sondern per pedes erkundet, kann sich gemütlich vom Regionalzug von einem Ort zum anderen bringen lassen. Einmal hin und wieder retour, und im besten Falle sich bei jedem Halt ein Achterl gönnen. Bei der Hinfahrt von Krems aus links sitzen und auf dem Rückweg rechts. Wer Ausdauer hat, kann mit der Wachaubahn die gesamte Strecke mit zwölf Weinstopps für Kopf und Magen vom Kremser Bahnhof bis nach Emmersdorf zurücklegen.

Auch eine Kombination der Transportmittel ist möglich: Die Radmitnahme ist kostenlos, bei Rundtrips kann man die Rückfahrt via Schiff antreten. Zudem werden gesonderte Weintouren mit geführten Verkostungen entlang der Bahnlinie angeboten. Da lohnt es sich, einmal auf das Rad und erst recht auf das Auto zu verzichten, um eine gemütliche Zugfahrt zu unternehmen.

Die Bahn fährt von März bis Oktober. Besonders Sportlichen sei der Wachaumarathon im September durch die Weinberge empfohlen, bei dem sich dann allerdings eine Verkostung erst nach dem Zieleinlauf empfiehlt.

68

**Stadtrundgang Dürnstein**
Startpunkt: Stift Dürnstein
Dürnstein 1
A-3601 Dürnstein
in der Wachau
Besichtigungen:
+43 (0)2711 375
www.stift-duernstein.at

**Ruine Dürnstein**
A-3601 Dürnstein
in der Wachau
www.duernstein.at

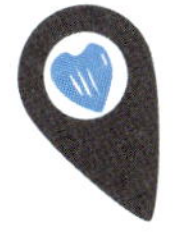

# ZU GAST BEI RICHARD LÖWENHERZ

## Stadtrundgang von der Stiftskirche zur Ruine Dürnstein

In seiner heutigen Pracht durfte Richard Löwenherz Dürnstein nicht betrachten. Dafür blieb dem prominenten Gefangenen gar keine Zeit. Aufgrund eines Fahnenfrevels wurde der englische Ritterkönig in der Burg bis zur Zahlung eines erheblichen Lösegeldes festgehalten. Der Rest ist Legende: Demnach ließ es sich Löwenherz bei Minnesang und Donaublick als Häftling gar nicht schlechtgehen. Seine Zeit in der Wachau machte den Ort Dürnstein bekannt.

Das heutige Antlitz der Gemeinde stammt aus jüngerer Zeit. Die Burg wurde bereits 1645 nach schwedischem Beschuss zur Ruine. Teile der Altstadt entstanden in der Renaissance; Kloster und Stiftskirche aus dem 15. Jahrhundert wurden 300 Jahre später barockisiert. Neben der Festung ist das in ungewöhnlichem Blau und Weiß getünchte Gotteshaus Wahrzeichen des Städtchens. Das Bauwerk, an dessen Turm Obelisken emporragen, ist Dreh- und Angelpunkt der mittelalterlich erhaltenen Gemeinde. Teile der Stadtmauer begrenzen noch immer die schmucken Altstadthäuschen. Am Wassertor läuft man auf schiefem Pflaster an dicken Wänden entlang hinein in eine Welt vergangener Tage. Und die ist mittlerweile fest in touristischer Hand. Vom Grand Hotel bis zur Löwenherz-Einkehr wird alles geboten. Während der Saison zieht Dürnstein neben Melk die meisten Gäste aus aller Welt an.

Darum empfiehlt sich, aus den gut gefüllten Altstadtgassen eine kleine Wanderung treppauf hinauf zur Ruine zu unternehmen. Der Weg ist gut ausgeschildert und beansprucht eine knappe halbe Stunde vom Ort aus. Gleich hinter der letzten Häuserzeile beginnen die Weingärten. Entlang der alten Festungsmauer beeindruckt die Aussicht auf die Stiftskirche im Herzen der Stadt mit jeder Stufe mehr. Und mit jeder Stufe wird es ruhiger. Am Ziel angelangt, eröffnet sich ein herrliches Panorama, das Richard Löwenherz leider verwehrt blieb.

Ein Themenweg informiert über die Stationen im Leben von Richard Löwenherz, die ihn kurzzeitig nach Dürnstein verschlugen.

64

**Ortsrundgang Stein**
Startpunkt: Rathausplatz
Über Hintere Fahrstraße
zur Donau
A-3500 Stein an der Donau

**Marillendestillerie Bailoni**
Steiner Landstraße
100–102
A-3500 Krems an der
Donau
+43 (0)2732 82228
www.bailoni.at

# ALTE STEINE UND MARILLEN

## Ortsrundgang ab dem Rathausplatz

Als Tor nach Krems liegt Stein an der Donau am westlichen Rand der größeren Stadt. Mittlerweile sind die Orte zusammengewachsen, und viele übersehen die kleinere Siedlung auf dem Weg ins Kremser Zentrum. Das allerdings ist ein Verlust. Ein Rundgang zwischen den alten Steinen im alten Stein ist lohnenswert.

Die Tour beginnt an der Dreifaltigkeitssäule am Rathausplatz. Neben den hübsch hergerichteten Stadthäusern aus dem 19. Jahrhundert strawanzen wir durch die Gassen am Frauenberg hinauf in Richtung der Kirchtürme von St. Nikolaus. Die alten Straßenschilder zeigen den Weg. Oben angekommen eröffnet sich eine herrliche Aussicht über Stein, die auch unser Cockerspaniel Matko leise schnaufend genießt. Danach läuft er schwanzwedelnd weiter. Über die Langgasse geht es wieder treppab an vielen Heurigen vorbei, die das Vorankommen verzögern können. Die stattlichsten Häuser liegen nun rechterhand in der Hinteren Fahrstraße, der wir folgen. An der Ecke zur Steiner Berggasse erblicken wir eine besonders schöne Renaissancefassade aus dem Jahr 1536, und in der Trafik gegenüber halten Einheimische und Gäste einen kurzen Plausch.

Über die Berggasse stoßen wir auf die Steiner Landstraße, in der sich Galerien und Boutiquen im historischen Ambiente angesiedelt haben. Ein Gebäude am westlichen Ende lässt gleich erkennen, was darin feilgeboten wird: Die Fassade mit Marillen verziert, bietet die Brennerei von Eugen Bailoni seit 1872 als erste Destillerie in Stein Marillenlikör und -schnaps an. Durch die Produktpallette kann man sich im Geschäft probieren. Ein Besuch bei Bailoni gehört zum Steinrundgang einfach dazu. Anschließend spazieren wir weiter bis zur Marienstatue über die Steiner Donaulände am Ruderklub an der Donau gemütlich zurück. Gut, dass man am Tor nach Krems an den alten Steinen von Stein Halt gemacht hat.

Für eine Pause während des Stadtspaziergangs bietet sich das Rathaus-Café Leutgeb direkt am Rathausplatz an.

65

**Alte Post Krems**
Obere Landstraße 32
A-3500 Krems
an der Donau
+43 (0)2732 82276
www.altepost-krems.at

## HISTORISCH-LAUSCHIGE WIRTSCHAFT

### Hotel-Gasthaus Alte Post

Als Heurigenlokal möchte sie ihr Lokal nicht bezeichnet wissen. Schließlich leitet Elisabeth Brunner ein Gasthaus. Wenn auch ihr prächtiger im Renaissancestil veredelter Innenhof – das Glanzstück der *Alten Post* – an eine Weinschenke erinnert, wird in der Küche hochwertig traditionell gekocht.

Der Gast kommt immer zuerst, und das spürt man beim Service alter Schule, den die Wirtin galant anleitet. Schließlich wahrt ihre Familie seit 1921 die Tradition des einst gotischen Gasthofs aus dem 15. Jahrhundert. Entsprechend werden ausschließlich Wachauer Spezialitäten kredenzt. Internationale Küche kommt nicht auf den Tisch. Ein Blunzengröstl aus heimischer Blutwurst steht neben Wildpastete und freilich Schnitzel auf der Karte. Die Menge an livrierten Kellnern, die umherschwirren und freundlich zu Diensten sind, überzeugt ebenso wie die Qualität der Küche und die lauschige Atmosphäre im Innenhof. Zu der passt auch die wohlgenährte Hauskatze, die über die Steine strawanzt. Stimmungsvoll ist ebenfalls das Stüberl im Inneren, das die Wirtin höchstpersönlich liebevoll eingerichtet hat. Für die Antiquitäten ist die Sammlerin bis nach Wien gefahren. Morisken stehen in den Nischen, Puppen sitzen an der Fensterbank, eine goldene Uhr schlägt verlässlich die Stunde zum Verdauungsschnaps, der in der Wachau freilich von der Marille sein muss.

Nur das gestickte Rahmenbild soll ein Scherz sein, steht dort doch, dass man beim ärmsten Wirt Österreichs einkehrt. Zwar verfügt die *Post* lediglich über 38 Betten, allerdings schätzen Gäste eben diese familiäre Stimmung im Gegensatz zu den großen Stadthotels. Auch wenn sie keinen Heurigen vorfinden, dürfen sie das Flair eines authentischen historischen Gasthauses erleben. Und einer engagierten Wirtin, die mit ihrer Persönlichkeit und Professionalität die traditionelle *Alte Post* prägt.

Eine Einkehr lässt sich mit einem Bummel über die Obere Landstraße – die Hauptflaniermeile und Einkaufsstraße von Krems – bis zum Simandlbrunnen verbinden.

66

**Karikaturmuseum Krems**
Museumsplatz 3
A-3500 Krems
an der Donau
+43 (0)2732 908010
www.karikaturmuseum.at

**Kunstmeile Krems**
Museumsplatz 1
A-3500 Krems
an der Donau
Besucherservice:
+43 (0)2732 908010
www.kunstmeile.at

# ZUM LACHEN

## Karikaturmuseum auf der Kunstmeile

Bierernst geht es in dieser Ausstellung nicht zu, schließlich ist sie aus einer Weinlaune heraus entstanden: Als der niederösterreichische Landeshauptmann in geselliger Runde saß und über die Kultur in Krems nachdachte, kam ihm der Einfall, doch einmal eine Sammlung zum Schmunzeln ins Leben zu rufen. Schon war der Plan für das Karikaturmuseum geboren, und 2001 öffnete das *Haus des Lachens* als Teil der Kunstmeile Krems seine Pforten.

Das moderne Gebäude wurde vom Karikaturisten und Architekten Gustav Peichl gestaltet, der unter dem Pseudonym Ironimus für die Presse zeichnete. Über dem Eingang grüßt ein versteckter Harlekin, der sich in die Narrenkappen der Dachzinnen einreiht. Davor thronen die satirischen stereotypen Skulpturen *Herr* und *Frau Österreicher* von Manfred Deix in unglücklicher Pose, beliebte Fotomotive. Im Inneren präsentieren wechselnde Ausstellungen die Werke namhafter und internationaler Witzzeichner. Besonders dem schwarzen österreichischen Humor, dem Umgang der Republik mit der Vergangenheit und den berühmten Querköpfen der Politik sind Exponate gewidmet. Auch dem nichtösterreichischen Betrachter erschließt sich die Komik, helfen doch die freundlichen Wärter gerne mit Informationen zu den Personen und verweisen auf eigene Lieblingsdarstellungen. In den Werken des unter anderem für den *Playboy* tätigen Altmeisters Sokol tummeln sich ohnehin Prominente aus aller Welt in überzeichneter Form. Von Schwarzenegger bis Helmut Fischer, vom Kaiser Franz bis zum Mundl sind sie alle vertreten.

Besucher dürfen selbst zum digitalen Stift greifen und sich am Tablet oder auf Papier humoristisch versuchen. Über geglückte oder misslungene Bilder prusten so manche Hobbykarikaturisten, nachdem bereits die professionelle Satirekunst herzliche Lacher hervorgelockt hat.

Die Kunstmeile Krems beheimatet weitere sehenswerte Sammlungen wie die niederösterreichische Landesgalerie.

67

**Simandlbrunnen**
Wegscheid 1
Ecke Obere/
Untere Landstraße
A-3500 Krems
an der Donau

**Krems Tourismus GmbH**
Körnermarkt 14
A-3500 Krems
an der Donau
+43 (0)2732 82676
www.krems.info

# OH HOLDE, LASS MICH EIN!

Simandlbrunnen

Dem Volksmund nach gelten die Kremser Damen als recht bestimmend, gar streng und manchmal herrisch. Ob diese Charakteristik stimmt, muss jeder selbst erforschen, doch ein eindrückliches Denkmal im Zentrum der Stadt überzeugt.

Überlegen, mit den Armen in die Hüften gestemmt, steht sie auf dem Simandlbrunnen und macht sich über den Flehenden lustig. Welches Anliegen er hat, der Kniende, lässt sich nur vermuten. Entweder bittet er die betrogene Gattin um Verzeihung wegen seines Lotterlebens oder, so eine andere Interpretation, er bettelt um den Schlüssel zu Kammer und Herzen seiner Angebeteten. Erfolg scheint ihm in beiden Fällen nicht beschieden. Dafür spricht das keck abschätzige Lachen, das sich auf dem Mund der dominanten Frauenfigur abzeichnet.

Der beliebte Simandlbrunnen am Rande der Altstadt von Krems geht auf die 1529 gegründete Simon-Bruderschaft zurück, einer Witzvereinigung, die sich als dauerhafte Herrenrunde gegen die Verbotskultur ihrer Frauen stemmte. Zum Fest des Apostels Simon trafen sie sich zum gemeinsamen Gelage, um dem Einfluss ihrer Ehefrauen zumindest auf Zeit zu entfliehen. Dass trotzdem noch oft um Vergebung gebeten werden musste, beweist der erst 1929 errichtete Brunnen auf ironische Weise. Daraus entstand die Kultfigur des »Sie-Mannes«, des Pantoffelhelden, der gänzlich unmännlich unter dem Diktat seiner besseren Hälfte steht.

Eine andere Legende erzählt von sieben Zwergen, »sim mandln«, die sich zu einer Bruderschaft und damit mehr Größe zusammenschlossen. Gemeinsam haben alle diese Sagen den Spaß am Rollentausch, der noch heute gern bei Faschingsbällen begangen wird. Auch dabei ziehen die Frauen nach alter Kremser Tradition buchstäblich die Hosen an. Ob danach noch immer nach alter Brunnensitte um Verzeihung gebettelt wird, bleibt wohl ein Geheimnis.

Die Obere Landstraße, an deren Ende sich der Simandlbrunnen befindet, bildet ab dem Steiner Tor die Haupteinkaufsstraße und Flaniermeile von Krems.

# 68

**Ferdinand-Warte**
A-3512 Bergern im
Dunkelsteinerwald

Startpunkt Wanderung:
**Zentrum Unterbergern**
A-3512 Bergern im
Dunkelsteinerwald

# ERZHERZOGLICHE AUSSICHTEN

## Ferdinand-Warte

Franz Ferdinand Carl Ludwig Joseph Maria von Österreich-Este wird in der Geschichtsschreibung mitunter auf ein einzelnes tragisches Ereignis reduziert: Seine Ermordung löste 1914 die »Urkatastrophe des 20. Jahrhunderts« aus und führte die Menschheit in den Ersten Weltkrieg. Dabei bietet die Biografie des Erzherzogs durchaus weitere interessante Facetten.

Der Sohn von Prinzessin Maria Annunziata von Neapel-Sizilien und Karl Ludwig von Österreich, einem Bruder von Kaiser Franz Joseph I., gilt vielen als innovativer Reformer. Durch seine morganatische Heirat mit einer niederen Adeligen, Sophie Gräfin Chotek von Chotkowa, wirbelte er den traditionalistischen Wiener Hofadel ordentlich durcheinander.

Seine große Leidenschaft galt gleichwohl der Jagd: Bereits mit neun Jahren soll der treffliche Schütze sein erstes Damwild erlegt haben – der Auftakt zu unglaublichen 274.889 belegten Abschüssen, darunter heimische Rehe und Hirsche ebenso wie Tiger, Löwen und Elefanten in aller Herren Länder. Erzherzog Ferdinand unterhielt zahllose Jagdreviere, und man kann nur erahnen, welch vielfältige Naturerlebnisse er auf seinen unzähligen Pirschen gehabt haben mag.

Ein Panorama verzauberte ihn gleichwohl besonders: Als er eines Tages durch die Buchen des Dunkelsteinerwaldes streifte, gelangte er zu einem mächtigen Felsabsatz direkt am Steilabfall der Donau. Die prächtige Aussicht über die Wachau, von Rossatz im Westen bis nach Krems und dem Stift Göttweig im Osten, begeisterte ihn merklich, und er prahlte auf der ganzen Welt damit. Zu Ferdinands Ehren errichtete der Österreichische Touristenklub 1890 an eben dieser Stelle einen Holzpavillon auf festem metamorphem Granulit, an dem man heute noch den herrschaftlichen Rundblick genießen kann. Zumal man kein Jäger sein muss, um dieses Naturschauspiel zu genießen.

Parken Sie das Auto in Unterbergern, und machen Sie sich von dort auf den circa 30-minütigen, gut ausgeschilderten Fußmarsch zur Warte.

69

**Bärndorferhütte**
(April–Dezember)
Am Sonnenweg 3
A-3435 Zwentendorf an der Donau
+43 (0)676 3125956
www.baerndorferhuette.at
www.shutdownfestival.at

## RADLER, RAVE UND RADIOAKTIV

### Bärndorferhütte und Shutdown-Festival

Einmal im Jahr spielen sich an diesem Platz unglaubliche Szenen ab. Eine kleine ehemalige Berghütte wird zum Schauplatz einer Massenveranstaltung in grotesker Kulisse: Laute Rave Riffs wummern über das Gelände, junge Menschen tanzen zu Zehntausenden ausgelassen zu elektronischer Musik, Radfahrer kreuzen etwas überrascht die Szenerie, in der Bärndorferhütte treffen sich Touristen und Festivalbesucher. Es ist sehr laut, und über allem thront der Schornstein eines Atomkraftwerks. Eine unwirkliche Atmosphäre ist es, in die man hineingerät, wenn man die Donau entlang zwischen Krems und Tulln den kleinen Ort Zwentendorf passiert. Zumindest an einem Tag im August, wenn das Event mit dem programmatischen Namen *Shutdown* den Fleck auf den Kopf stellt. Doch auch an anderen Tagen empfiehlt sich eine Rast an der Bärndorferhütte in skurriler AKW-Kulisse.

Etwas deplatziert wirkt der Gasthof an dieser Stelle, ein 200 Jahre altes Bauernhaus, das man im Kärntner Lavanttal abgetragen und in Zwentendorf wieder aufgestellt hat. Radfahrer und Ausflügler treffen sich zur Mittagspause, Raver stoßen im August dazu. Die urige Hütte überzeugt mit einem bodenständigen Angebot an Toasts, Braten und Blechkuchen, freundlichem Personal und Skihütten-Flair an der Donau. Der Name rührt vom nahe gelegenen Bärengraben her und nur der Wirtshauslegende nach vom tierischen Gast.

Und die bedrohliche Silhouette des AKW? Keine Sorge, es besteht keine Gefahr atomarer Verstrahlung. Das Werk wurde nach einem Bürgerentscheid 1978 niemals in Betrieb genommen, dient nur Übungs- und Ausbildungszwecken, Führungen oder als Eventlocation. Der einzige Strom dieses Meilers stammt umweltfreundlich von den Solarzellen, die man auf dem Dach angebracht hat. Im Übrigen ist das AKW lediglich Teil einer skurril-unterhaltsamen Szenerie.

Für Freunde von Hardstyle, Raw- und Freestyle findet im August jährlich das Shutdown-Festival in der Atomkulisse statt. Für alle anderen lohnt immer ein Stopp bei der Hütte.

Zwentendorf hat neben dem AKW das Barockschloss der Familie Althann samt Biolandwirtschaft ohne radioaktive Gefahr zu bieten.

70

**Die Garten Tulln**
Am Wasserpark 1
A-3430 Tulln an der Donau
+43 (0)2272 68188
www.diegartentulln.at

## INS, ÜBERS UND ANS GRÜNE

### Naturerlebniswelt *Die Garten Tulln*

Bei einem Areal dieser Größe benötigt man erst einmal einen Überblick. Darum lohnt es sich, die 201 Stufen des Baumwipfelweges zu erklimmen, um aus der 30 Meter hohen Baumkronenperspektive die mehr als 65 ökologisch gepflegten Schaugärten von Tulln zu überschauen. Die Aussicht reicht bis zum Schneeberg und zur Donau mit der futuristischen Rosenbrücke.

Im Anschluss lässt man sich zwischen echten Rosen, Blumenrabatten, Gemüsebeeten und Grünflächen treiben. Dabei erwandern sich die Besucher schnell eine botanische Weltreise von heimischen Nutz- und Zierpflanzen über japanische und portugiesische Flora bis zu englischen Gärten. Bei all dem Grün tut ein Päuschen an den Wasserspielen wohl, die im Takt zum Donauwalzer Fontänen durch die Luft wirbeln.

Mit dieser Naturerlebniswelt hat die Gemeinde Tulln mehr als lediglich einen grünen Daumen bewiesen. Stolze 65 Bereiche zu verschiedenen Themen wie der häuslichen Bepflanzung, Dachgärten, Hochbeeten und Anbau von Gemüse erstaunen. Letzteres darf gegessen werden, an den 120.000 Narzissen schnuppert man, die Kleinen amüsieren sich auf dem Naturspielplatz, und die Älteren setzen sich in den bayerischen (!) Biergarten, bevor es weiter über die Pfade und Ausstellungsflächen geht. Überdimensionale Blumenkübel erfreuen ebenso wie die Vogelstimmen, das Summen der Bienen und der Duft der Kräuter.

Ein Idyll ist es geworden, diese Schaugartenanlage, die Anregungen zu eigenen Gärtnerexperimenten bietet und die Natur mit all ihren Facetten präsentiert. Für Jung und Alt wird dadurch ein Ausflug ins Grüne ermöglicht, der lehrreich, farbensatt und entspannend zugleich ist. Einige Anregungen kann man zugleich in Form von Samen oder Setzling mitnehmen, um den *Garten Tulln* in den eigenen Blumenkasten zu versetzen. Nur die Aussicht aus den Baumwipfeln, die kann man nur vor Ort genießen.

Direkt gegenüber dem Eingang ermöglicht der Bootsverleih einen kleinen Trip durchs natürliche Grün entlang der Flussarme und Kanäle des Wasserparks auf der Anlage.

71

**Nibelungendenkmal**
Nibelungenplatz 1
A-3430 Tulln an der Donau
www.erleben.tulln.at

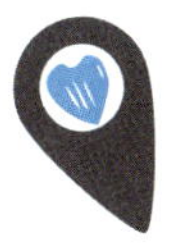

## DRACHENTÖTER UND HUNNENKÖNIGINNEN

### Nibelungendenkmal

Wirklich beeindruckt wirkt der Schäferhund nicht. Er würdigt die Figurengruppe keines Blickes, trinkt aber gerne und ausgiebig aus dem Wasserbassin, das zum Denkmal gehört. Erfrischend an einem warmen Sommertag. So findet ein jeder seinen Gefallen an der modernen Statue, die Tulln seiner literarisch-historischen Vergangenheit gewidmet hat.

Direkt an der Schiffsanlegestelle und Promenade erschuf Bildhauer Michail Nogin 2005 ein Ensemble von Bronzefiguren im Hohlguss auf Steinfundament. Ausdrucksstark wurde der für Tulln entscheidende Moment aus dem Nibelungenlied festgehalten. Denn just an diesem Ort wurde Kriemhild nach dem Tod ihres Drachentöters Siegfried als Braut dem Hunnenkönig Etzel übergeben. Dieser sollte sie und ihren einstigen Gatten rächen. Zur friedvollen Brautschau fanden Turnierfestspiele statt. Das Spektakel verortete der vermeintliche Dichter der Nibelungen um 1200 in Tulln, der damaligen Scheide zwischen Ost und West, zwischen Ungarn und dem alten Reich. Der Anfang vom Ende, endet doch das Lied bekanntlich tragisch mit allerlei Toten.

Nähert sich die auf Rache sinnende Kriemhild deswegen so zaghaft dem grimmig blickenden Etzel? Ihre lange Schleppe reicht bis zu ihrer Entourage. Der Wind weht augenscheinlich von rechts und links zugleich in die Szene, damit alle Fahnen, Brautschleier und Schleppe effektvoll wehen können. Aus dem Brunnen schießen Wasserfontänen neben einem bronzenen Buch hervor, in dem die entsprechende Stelle aus dem Nibelungenlied aufgeschlagen ist. Jene Passage, der Tulln den Eingang in die mittelalterliche Literaturgeschichte und den Denkmalbrunnen verdankt.

Nicht zu verfehlen ist das Denkmal, wenn man mit dem Schiff anlegt. Auf der Landseite lohnt sich ein Ausflug zur Promenade samt Spazierweg und im Sommer mit Open-Air-Konzertbühne.

72

**Egon-Schiele-Museum**
Donaulände 28
A-3430 Tulln an der Donau
+43 (0)2272 64570
www.schielemuseum.at

**Schiele-Geburtshaus**
Bahnhofstraße 69
A-3430 Tulln an der Donau
+43 (0)2272 690135
www.schiele-geburtshaus.at

## DEM MEISTER AUF DER SPUR

Egon-Schiele-Museum

Lange hat sich Tulln schwergetan mit seinem berühmten Sohn. Zu skandalös war der Lebenslauf des jungen Künstlers. Erst Jahre nach seinem frühen Tod versöhnte sich die Gemeinde mit Egon Schiele, nachdem die Kunstwelt das außerordentliche Schaffen des wichtigsten Vertreters der Wiener Sezession neben Gustav Klimt würdigte.

Am Donauufer steht der kokette Dandy als Statue mit einer symptomatischen Aktzeichnung unter dem Arm. Daran vorbei führt der Schieleweg zu zentralen Orten seiner Tullner Zeit. Das Geburtshaus wurde nachgebildet, in Ergänzung entstand 1990 ein kleines, aber feines Museum im ehemaligen Stadtgefängnis. Zehn Originale stellt die Sammlung aus, die sie jährlich von namhaften Museen entleiht. Die Ausstellung aber will vornehmlich dem Menschen Schiele auf die Spur kommen. Dazu geht man moderne und gelungene Wege.

Anhand von Videoinstallationen in den einstigen Zellen kommen Zeitzeugen und Kenner des 1890 gebürtigen Malers zu Wort. Schiele eroberte sich einen Platz im Künstlerhimmel, nachdem er die Wiener Moderne und den Expressionismus während seiner kurzen Schaffenszeit bis zu seinem Tod mit 28 Jahren geprägt hatte. Davor musste er gegen gesellschaftliche Konventionen kämpfen. Historisches Bildmaterial und Audiostationen widmen sich dem unangepassten Lebenswandel eines jungen Mannes, der mit der Freizügigkeit und der teils brutalen Moderne seiner Bilder aneckte.

Seine Aktzeichnungen, teilweise von minderjährigen Modellen, und seine zügellosen Beziehungen führten zu Ächtung und strafrechtlicher Verfolgung. Gemälde wurden beschlagnahmt, die Anerkennung fehlte zeitlebens. Alle diese zumeist tragischen Stationen eines kurzen, dennoch spannenden Malerlebens präsentiert das Egon-Schiele-Museum. Damit hat die Stadt ihren Frieden mit dem prominenten Sohn gemacht.

Wer einen Blick in Schieles Kindheit als Sohn des örtlichen Bahnhofsvorstandes werfen möchte, kann sein Geburtshaus und die dortige Ausstellung besuchen.

78

**Rattenfängerbrunnen**
Hauptplatz
A-2100 Korneuburg

**Rathaus-Gastronomie**
Hauptplatz 39
A-2100 Korneuburg
+43 (0)2262 64111
www.rathaus-
korneuburg.at

# SAGENHAFTER ORTSKERN

## Rattenfängerbrunnen am Hauptplatz

War das nicht in Hameln, wo ein Rattenfänger die Stadt von den Nagern befreite und danach die Kinder weglockte, weil der Dank der Bürger ausblieb? Richtig, doch die Legende wanderte bis nach Frankreich und ebenfalls an die Donau. Wie das mit kulturellem Erbe so ist, hat deshalb auch Korneuburg der Sage ein Denkmal gesetzt.

Der dortige Flötenspieler soll anno 1646 die Ratten in einen Donauarm geführt haben, wo sie untergingen und keine Pest mehr übertragen konnten. Menschen hatte er ursprünglich keine verführt. Dieser Teil der Geschichte wurde erst später in Anlehnung an die Grimm'sche Erzählung über Hameln dazugedichtet. Demnach soll er letztendlich die Kinder der Stadt auf ein Schiff auf der Donau gelockt haben, um sie auf dem Sklavenmarkt in Konstantinopel zu verkaufen. Nur zwei Kinder entgingen der musikalischen Versuchung: Ein taubes und eines, das zu spät kam, sicherten die Nachkommenschaft des Ortes. Soweit die Wandersage und Legende.

Ein Standbild hat man dem Rattenfänger trotz seiner Tat an einem zentralen Ort gewidmet. Am Hauptplatz in Nachbarschaft zu Rathaus und Dreifaltigkeitssäule errichtete man zum 600-jährigen Stadtjubiläum 1898 den Rattenfängerbrunnen. Der Platz bildet den lebendigen Kern Korneuburgs. Der Trinkwasserbrunnen lockt Radfahrer vom Weinvierteldonauradweg ins Herz der Stadt, wo sie ihren Durst löschen können. Das neogotische Rathaus von 1895 zeigt den Stolz der Gemeinde, die von Touristen auf dem Weg nach Klosterneuberg oft vernachlässigt wird. Nicht umsonst bedienten sich die Stadtväter des Sagenschatzes um einen flötenden Rattenfänger, der von Hameln bis nach Korneuburg wanderte.

Im Rathaus befindet sich das schicke gleichnamige Café mit Lounge und Wirtshaus, das zur Einkehr mit Blick auf den Hauptplatz einlädt.

74

**Donaublick-Imbiss**
(März–Oktober)
Donaulände 2
A-2100 Korneuburg
+43 (0)680 3141608
www.donau-blick.at

# DIREKT AM WASSER

## Donaublick-Imbiss

Gerne würde sie ja mal selbst den Donauradweg entlangfahren. Aber während der Saison besteht dafür leider keine Möglichkeit, denn die Radfahrer und Wanderer wollen bei Frau Lukitsch einkehren. Aber die Gäste berichten ihr von ihren Touren und Eindrücken, während sie bei ihr einen Zwischenstopp direkt an der Donau etwas außerhalb von Korneuburg einlegen. Viele Wiener kommen zudem extra für die Aussicht und ihre Küche flussaufwärts zum Donaublick-Imbiss.

An diesem Platz passt schlichtweg alles zusammen: Panorama, Küche, Service und Atmosphäre wirken wie aus einem Guss. Darum lieben ihn auch viele Korneuburger, die sich unter die Gäste mischen. Insbesondere empfiehlt sich die zwanglose Einkehr, um die Tagesetappe zu beschließen und die Abendstimmung am Fluss zu genießen. Gegenüber grüßt bereits das prominentere und touristischere Klosterneuburg mit Stift und Schiffsanlegestelle, doch eine Rast davor in Korneuburg ist ratsam.

Wie am Wiener Würstelstandl werden am Imbiss allerlei Spezialitäten vom Grill serviert. Diese schmecken angesichts der herrlichen Sicht auf den Fluss gleich noch besser. Unprätentiös und gemütlich geht es zu. Ein Imbiss eben, allerdings kann von schneller Küche keine Rede sein. Dafür wird zu fein aufgekocht, zu süffiger Wein ausgeschenkt und das Essen schmeckt zu gut. Steckerlfisch und Grillspezialitäten von Rosswurst bis Käsekrainer werden angeboten, mittags zudem kleine Menüs. Zum süßen Abschluss bitte noch Strudl und der Sonnenuntergang am Wasser in Gesellschaft von müden Radfahrern, spielenden Kindern und geselligen Stammtischen. Gut, dass Frau Lukitsch an ihrem Imbiss steht und mit ihrer eigenen Donauradtour noch etwas wartet.

Zu Fuß zu erreichen ist die Altstadt von Korneuburg mit dem imposanten Hauptplatz. Gleich neben dem Donaublick-Imbiss kann man mit der Rollfähre nach Klosterneuburg übersetzen.

75

**Donaurollfähre Korneuburg–Klosterneuburg**
(März–November)
Tuttendörfl 10
A-2100 Korneuburg
+43 (0)664 2155443
www.donaurollfaehre.at

# AN DER LEINE ÜBER DIE UFER

## Donaurollfähre nach Klosterneuburg

»Megt's no mitfahren?«, ruft der Fährmann aus seinem Führerhaus, bevor er wieder übersetzt. Hier wird niemand zurückgelassen. Bis zur nächsten Brücke ist es weit, weswegen sich Autos, Radler, Spaziergänger und sogar Busse und LKWs auf das Boot drängen. In der Hochsaison lehnen viele Räder an der Reling, und die Gäste zücken Kameras. Gut, dass es die Rollfähren gibt.

Diese setzen überall entlang der Donau ans andere Ufer über. Eine Überquerung ist bei einer Reise entlang des Flusses oftmals nicht nur notwendig, sondern empfehlenswert. Preislisten schlüsseln genau die Kosten für junge und ältere Menschen sowie für Vehikel auf. Hoch sind sie nicht, da viele Ortsansässige die Fähre täglich nutzen.

Sind alle an Bord, wird die Landebrücke eingeklappt und Gas gegeben. Dank eines Drahtseils driftet das Boot selbst bei starker Strömung nicht ab. Trotzdem müssen die Dieselmotoren auf Hochtouren arbeiten, um Kurs zu halten. Lange dauert die Überfahrt nicht, doch man bekommt unmittelbar ein Gefühl für die Kraft des Wassers, das Schifffahrt und Energiegewinnung ermöglicht, allerdings zugleich eine destruktive Naturgewalt sein kann. Als noch gerudert und mit Seilen gezogen wurde, versank so manche Fähre im Flusslauf. Zu früheren Zeiten überschritt man per Schiff zudem Ländergrenzen.

Anhand moderner Technik gelingt heutzutage die Überfahrt ohne Zwischenfälle und leider viel zu schnell, um den Blick von der Donaumitte in vollen Zügen zu genießen. Der Fährmann bleibt so lange an einer Anlegestelle, bis wieder Bedarf zum Uferwechsel besteht. Damit herrscht ein reger Austausch zwischen den Donauseiten. Gut, dass der Bootsführer fragt. Da setzt man gerne über und manchmal gleich wieder retour. Weil der schippernde Seitenwechsel einfach viel Spaß macht.

Die Donaufähre setzt von Ende März bis Anfang November über. In Klosterneuburg kann man das Kloster und in Korneuburg den Donaublick-Imbiss in der Nähe der Anlegestelle besuchen.

76

**Stift Klosterneuburg**
Stiftsplatz 1
A-3400 Klosterneuburg
+43 (0)2243 4110
www.stift-
klosterneuburg.at

# Glaube, Wein und Kultur

## Stift Klosterneuburg mit dem Verduner Altar

Geschickt sind sie schon, die geistlichen Touristiker entlang der Donau. Die Stifte am Fluss locken ohnehin viele Gäste an. Doch um sich hervorzuheben, wird die Geschichte des eigenen Klosters gerne ausschmückend erzählt. Schließlich gibt es an der Donau mehr Stifte als in einem handelsüblichen Federmäppchen.

Stift Neuburg wirbt nicht nur mit seiner prächtigen Anlage am prominenten Standort unweit von Wien über der Donau. Auch das älteste Weingut Österreichs beherbergen die Klostermauern. Damit sind Glaube und Genuss gleich sinnvoll verbunden. Doch nicht nur der heilige Wein empfiehlt den neben Melk wohl eindrucksvollsten Sakralbau zwischen Passau und Wien. Die Mittelaltersammlung und die hervorragenden Führungen durch die Ausstellung sprechen für sich. Das Stift beherbergt einen Flügelaltar, der zwischen 1171 und 1181 entstanden ist und als zentrales Kunstwerk des Mittelalters die Weltgeschichte vor und nach dem christlichen Gesetz darstellt. Der sogenannte Verduner Altar in der Leopoldskapelle wurde aus Emaille von Nikolaus von Verdun gefertigt. Als Höhepunkt der mittelalterlichen Goldschmiedekunst wird er gehegt und selten für Messen genutzt. Das Volk findet sich hingegen in der barocken Stiftskirche des Klosters ein, dessen Geschichte eng mit der k. u. k. Monarchie verbundenen ist.

Im Frühmittelalter gegründet, wurde die massige Anlage im 18. Jahrhundert von Karl VI. nach Vorbild des Escorial-Schlosses in Madrid umgestaltet. Escorial heißt heute auch das schicke Café an den Wasserspielen im Stiftsgarten, der leider weniger eine Aussicht auf die Donau als auf die angrenzende Autostraße bietet. Darum lohnt es sich mehr, ins Innere einzutauchen und bei einem Rundgang die über 900-jährige Historie des Stifts zu entdecken. Im Kreuzgang, im Museum und im alten Kastelltrakt der Augustinerchorherren zeigt sich seine Architektur- und Kunstgeschichte in den vielen An- und Umbauten. Und dann wäre da natürlich noch der Neuburger Wein und Sekt, der laut Stiftswerbung Himmel und Erde zusammenbringt.

Der Rathausplatz von Neuburg ist nicht nur der Zugang zum Stift, sondern zugleich der schönste Teil des alten Ortskerns, den es zu besuchen lohnt.

77

**Leopoldsberg**
Am Leopoldsberg 1
A-1190 Wien

**Café Kahlenberg**
Am Kahlenberg 2–3
A-1190 Wien
+43 (0)1 3281500702
www.new.kahlenberg.wien

# AUSSICHT MIT GESCHICHTE

## Leopoldsberg in Döbling

Als letzter Ausläufer des Wienerwaldes ragt der Leopoldsberg bei Döbling mit der gleichnamigen Kapelle empor. Der Namensgeber Leopold III. errichtete dort eine Burg und verstarb 1136 sogar auf seiner geliebten Anhöhe. Zuvor konnte er die Aussicht auf das damals noch bescheidenere Wien genießen, das sich heute als Millionenmetropole vor dem Leopoldsberg erstreckt.

Dass die Donaustadt in österreichischer Hand blieb, entschied sich am 12. September 1683 genau an diesem Platz. Bei der Schlacht am Kahlen- und am Leopoldsberg wurden die Türken bei ihrer Belagerung von Wien geschlagen. Im Grunde retteten übrigens die Polen mit ihrem König Johann III. Sobieski die Nachbarn vor den Osmanen, weswegen ihnen am Fuße der Leopoldskapelle ein Denkmal errichtet wurde. Von dort aus kann man gedanklich zurückreisen zu jenem schicksalhaften Tag, den Verlauf der Schlacht durch Infotafeln nachvollziehen und den über 12.000 Gefallenen gedenken. Nachdem der Streit um die Vorherrschaft in Europa entschieden war, zogen sich die Osmanen zurück, und die Donaumonarchie mit ihrer Hauptstadt Wien konnte sich in Gänze entfalten. Mit ihr erblühte auch die heute eingemeindete Ortschaft Döbling, die sich mit ihren prachtvollen Weingärten an die Anhöhe schmiegt.

Der Leopoldsberg wurde zum Symbol der Widerstandsfähigkeit Wiens und seiner Bewohner. Bis in die Gegenwart. Als ein Architekt und Investor den Bau auf der Erhebung privatisieren und kommerzialisieren wollte, wehrte sich die Stadt. Seit 2018 ist das Areal wieder frei und kostenlos zugänglich. Der Blick auf die Metropole soll niemandem verwehrt sein. Und somit bleibt der Leopoldsberg im Wienerwald bedeutender Aussichts- und Anhaltspunkt in der Wiener Geschichte.

Am angrenzenden Kahlenberg können Sie in ein touristisches Café mit Bewirtung und Blick zum Leopoldsberg einkehren.

78

**Schemerlbrücke**
Verbindung Relegasse/Am Brigittenauer Spon
A-1200 Wien

# GUT GEBRÜLLT, LÖWE

## Schemerlbrücke in Nußdorf

Es brüllt nur ein Löwe, der zweite hält das Maul friedlicher geschlossen. Beide begrüßen die einfahrenden Schiffe am Donauseitenarm in Nußdorf von der imposanten Schemerlbrücke. Mit gestrecktem Rücken, gespitztem Schwanz und herrschaftlicher Pose flankieren sie auf gemauerten Wellen den Bau von Otto Wagner, dem prägendsten Architekten Wiens. Die Stahlkonstruktion aber verdankt Nußdorf dem Hoch- und Tiefbauingenieur Alfred Reinhold, der hier am Wehr eine repräsentative doppelte Fachwerkbrücke errichtete, die zugleich als Stadttor nach Wien dient. Als Baurat der Donau-Regulierungs-Kommission arbeitete er zudem im angrenzenden Wasseramt für die Wiener Gewässer.

Filigrane Jugendstilverzierungen sind am Brückenkopf eingearbeitet. Der aufmerksame Betrachter erkennt Medusenköpfe, Masken und Blumenranken. Zudem wurde der Wahlspruch von Kaiser Franz Joseph I. gleich zweimal in Stein gehauen: »Viribus unitis«, wie der Lateiner sagt, also »mit vereinten Kräften«. Diese brauchte es sicherlich für den Löwenthron aus Stahl und Stein, der mit den neuesten technischen und ästhetischen Errungenschaften des ausgehenden 19. Jahrhunderts gestaltet wurde. Blickfang sind freilich die prächtigen Könige der Tiere, die zum Sprung ansetzen. Wegen deren eindrücklicher Präsenz heißt das Bauwerk im Volksmund auch Löwenbrücke. Zudem integrierte die Döblinger Automobilfirma *Gräf & Stift* die Tiere in ihr Logo.

Fast in Vergessenheit geriet dadurch Josef Schemerl von Leythenbach, der offizielle Namensgeber, der ebenfalls in der Donauregulierung und als Wasserbautechniker tätig war. Vier Jahre, von 1894 bis 1898, wurde an den Pylonen und am Brückenwerk gebaut. Seither brüllen und schweigen die Löwen und grüßen die Gäste auf den Schiffen vor Wien.

Zu Fuß vom Schiffshafen erreichbar, bietet Nußdorf für Wienkenner eine passende Alternative zur vollen Altstadt. Im Bezirk kann man wandern oder beim Heurigen einkehren.

79

**Heuriger Kierlinger**
Kahlenberger Straße 20
A-1190 Wien
+43 (0)1 3702264
www.kierlinger.at

# AUF EIN STEHACHTERL MIT BEETHOVEN

## Heuriger Kierlinger in Nußdorf

Freilich sei der Beethoven auch in seinem Heurigen Gast gewesen, wenn er was trinken gegangen ist. Schließlich habe der Komponist keine Lokalität in Nußdorf und Döbling ausgelassen. Dessen ist sich Weinbauer Martin Kierlinger sicher. Und zeitlich passt es, denn seine Trauben werden am selben Ort seit 1787 in siebter Generation gelesen.

90 Prozent der Weinernte seines knapp sieben Hektar großen Anbaugebiets fließen nicht in die Flasche, sondern werden im hauseigenen Heurigen ausgeschenkt. Und ein Besuch dort gehört zu einem Wienausflug einfach dazu. Mit etwas Glück wird mittwochs sogar die volkstümliche Schrammelmusik gespielt, doch auch ohne Hans-Moser-Lieder ist es gemütlich in Martins Stüberl. Am Eingang lädt ein Blechschild auf ein schnelles Stehachterl vom heurigen Wein, allerdings empfiehlt es sich, Platz zu nehmen, nachdem man an der Theke lokale Köstlichkeiten ausgesucht hat.

Stolz ist der Wirt auf seinen Liptauer, die österreichische Variante des Obatzdn, den er nach einem über 100 Jahre alten, geheimen Hausrezept persönlich anrührt. Wobei er die Zutaten gerne preisgibt: Sardellen, Kapern, Butter gehören neben den Käsesorten hinein. Die richtige Zusammenstellung finden die Gäste ohnehin nicht heraus, darum kehren sie beim Kierlinger auf eine Glas oder eine Bouteille ein.

Neuerdings wird für die Liebhaber von Prickelndem sogar ein »Nussecco« kredenzt, ein Prosecco vom Nußberg. Die meisten bevorzugen jedoch einen Schoppen Veltliner oder Heurigen. Säure dürfen die Weine nach Kierlingers Geschmack ruhig haben. Und sie schmecken tatsächlich. Der Heurige gilt als Geheimtipp in manchen Hotels, denn Busse voller Touristen werden bei Kierlinger nicht abgeladen. Das merkt man dem Wirtshaus an. Die Mehrheit der Gäste sind Einheimische, die sich angestammt in Wiener Gemütlichkeit zusammensetzen. Genau wie wohl Beethoven damals. Wenn es denn stimmt.

Hinter der Kahlenberger Straße beginnen der Stadtwanderweg und der Beethovengang bis hinauf zu Nußberg und Kahlenberg.

80

**Wieninger am Nußberg**
(April–Oktober)
Eichelhofweg 125
A-1190 Wien
+43 (0)1 3200643
www.wieninger-am-nussberg.at

# AN SCHOPPEN AUF HANS MOSER

## Buschenschank Wieninger am Nußberg

»Doch unser Herrgott hat die liabe Weanerstadt mit Reben eingesäumt, er hat den Nußberg g'macht in seiner ganzen Pracht, der wie ein Märchen träumt.« Diese Liedzeilen sang der legendäre Wiener Schauspieler Hans Moser über seine Einkehr beim Heurigen. Der Traum hält noch immer an. Dem Wiener ist der Ausflug in die heimischen Weinberge Genuss, Religion und Tradition zugleich. Neu interpretiert haben diese auf moderne wie gemütliche Weise die Wieningers mit ihrem Buschenschank am Nußberg.

Einst und heute verbinden sich am ansprechenden Neubau, der in prominenter Lage in den hauseigenen Weinbergen liegt. Davor zeigt der grüne Kranz als traditionelles Zeichen das »Ausstecken« an, das Öffnen des Weinausschankes. Eine Augenweide ist das Haus, ein Lärchenholzkubus aus dem Jahr 2018, der anstelle der alten Traktorgarage in der Riede Weisleiten errichtet wurde. Die Weinanbaufläche am Nußberg war ursprünglich eine Meeresterrasse, die in der Vorzeit aufgefaltet wurde. Heute laden Biertische zum Weintrinken inmitten der Reben. Ausgeschenkt wird Heuriger, dazu gibt es Brotzeit.

Mit ihrem Buschenschank erneuern die Wieningers eine Tradition von vor über 230 Jahren, als Kaiser Joseph II. den Winzern erlaubte, ihre Erzeugnisse direkt in den Weingärten auszuschenken. Seither pilgern Vorgänger und Nachfolger von Hans Moser zu ihrem Nußberg für ein Wochenendachterl und eine Jause mit Aussicht auf ihre Heimatmetropole. Der Stadt Wien ist man auf den Hängen entrückt und nah zugleich. Das Panorama mit den Wolkenkratzern an der neuen Donau will nicht recht zur urigen Gemütlichkeit im Weingarten passen. Umso lieber wandert man aus der Stadt den Nußberg herauf – ganz im Sinne Hans Mosers, der bereits wusste: »Er ließ für uns die gold'nen Trauben einst erstehn, drum darfst aus Dankbarkeit 's Weinderl nicht verschmähn!«

Beachten Sie die Öffnungszeiten der Weinschänken, die vornehmlich freitags, am Wochenende und zu Feiertagen bei gutem Wetter geöffnet haben.

# 81

**Café im Kunsthistorischen Museum Wien**
Im Kuppelsaal im 1. Stock
Maria-Theresia-Platz
A-1010 Wien
+43 (0)1 508761001
www.genussimmuseum.at
www.khm.at/entdecken/angebote/cafe-restaurant/

**Naturhistorisches Museum**
Burgring 7
A-1010 Wien
+43 (0)1 521770
www.nhm-wien.ac.at

# AUF AUGENHÖHE MIT MARIA THERESIA

Café im Kunsthistorischen Museum im Zentrum

Wie oft kommt es schon vor, dass man mit einer Kaiserin Kaffee trinken darf? An diesem Lieblingsplatz kann man ihr sogar zuprosten. Nur eine Glasscheibe trennt uns von der Majestät, die zugegebenermaßen etwas stumm auf dem nach ihr benannten Maria-Theresia-Platz thront. Freilich ist es nur die herrschaftliche Statue der prägenden österreichischen Monarchin, das Vis-à-vis ist allerdings auch nur ein positiver Nebeneffekt, trinkt man an diesem Ort eine Melange. In einer Stadt, die nicht arm an berühmten und gemütlichen Kaffeehäusern ist, besticht das Café im Kunsthistorischen Museum durch herrschaftliche k. u. k.-Noblesse.

Im Kuppelsaal im ersten Stock des Museums ermöglicht eine kreisrunde Öffnung den Besuchern einen Blick in die darunterliegende Ausstellung. Rund um die Balustrade sind kleine Tischchen angeordnet, die zu einer Kaffeepause mit Sachertorte oder Strudel einladen. Im marmorsatten Saal zwischen Säulen, Fresken und Putten sitzt es sich herrschaftlich, und man atmet nach dem Kunstgenuss beim Verlängerten durch. Für die Ausstellung sollte man sich Zeit nehmen, lockt sie doch mit Bildern von Weltruhm. Ägyptisches beheimatet das Museum, Antikes sowie die bedeutendste klassische Gemäldesammlung Österreichs mit zentralen Werken von Dürer, Cranach, Rembrandt, Tintoretto und Tizian. Wer nach dem Kaffee noch Energie hat, besucht die Münzsammlung und Orientalisches oder eine der prominenten temporären Ausstellungen im Haus.

Das Museumsgebäude, das unter anderem vom renommierten Architekten Gottfried Semper geplant wurde, erstrahlt in königlich-kaiserlichem Glanz. Der Bau steht seit 1891 an der Ringstraße zu Maria Theresias Linken, in symmetrischer Anordnung mit dem Naturhistorischen Museum auf der anderen Seite. Glanzstück des Bauwerks ist die Kuppelhalle mit dem eleganten Café – dem einzigen Ort, an dem ein Tête-à-Tête mit der hochwohlgeborenen Majestät möglich ist.

Gegenüber in klassizistischer Symmetrie erwartet den kulturaffinen Besucher das *nhm*, das Naturhistorische Museum Wien, mit 30 Millionen Ausstellungsstücken zu Flora und Fauna.

82

**Hundertwasserhaus**
Kegelgasse 34–38
A-1030 Wien
+43 (0)1 4701212
www.hundertwasser-haus.info

**Kunst Haus Wien**
Untere Weißgerber-straße 13
A-1030 Wien
+43 (0)1 7120491
www.kunsthauswien.com

# In einer Villa Kunterbunt

## Hundertwasserhaus im Bezirk Landstraße

Zwischen 1983 und 1985 entstand ein unverkennbares Werk des verrückt-verspielten Schaffens von Friedensreich Hundertwasser Regentag Dunkelbunt. Schon der Künstlername von Friedrich Stowasser ist Ausdruck seines fantastischen Arbeitens. In der Wiener Kegelgasse schuf er ein Apartmenthaus im Grünen. Buchstäblich im Grünen, denn er integrierte Beete und Pflanzen, die sich aus dem massigen Gebäude und an dessen Fassade emporranken. Muster, Ornamente und farbenfrohe Flächen ergeben das berühmte geordnete Chaos des Hundertwasserstils.

Gerade, einfarbige Wände und kühle Moderne waren dem gebürtigen Wiener ein Graus. Eine kunterbunte Stadtvilla sollte es werden. Zudem wollte er stets den Menschen wieder mit der Umwelt versöhnen. Sei es mit Kompostklos, Parkanlagen oder mit Wohnhäusern, die seinem Motto folgten: zurück zur Natur. Seine Idee von der Rückbewaldung der urbanen Fläche musste er im zähen Ringen mit den Verantwortlichen der Stadtverwaltung durchsetzen. Am Ende triumphierte der unangepasste Umweltkünstler. Heute leben in seinem Gebäude Menschen und Bäume vereint.

Zu besichtigen ist es von außen, da das Kunstwerk nach wie vor von wenigen Glücklichen bewohnt wird. Diese schätzen, pflegen und genießen ihre exponierten, architekturgeschichtlich bedeutenden vier Wände, obwohl sie tagein, tagaus von Scharen von Zaungästen beobachtet werden. Besucher bestaunen diese Villa Kunterbunt von der kleinen Fußgängerzone in der Kegelgasse aus, zu der auch mehrere Cafés, Sitzbänkchen und Brunnen gehören. Hier können Sie teilhaben am quietschfidelen, farbenfrohen Reich Hundertwassers. Sein Haus steht als ein Wahrzeichen für Wien und die Symbiose aus Bau und Baum.

Nicht weit entfernt in der Unteren Weißgerberstraße steht das ebenfalls von Hundertwasser geschaffene *Kunst Haus Wien* mit einer ständigen Werkschau zum Künstler.

# 83

**Prater Wien**
Ausstellungsstraße
A-1020 Wien
www.prater.at

**Schweizerhaus**
Prater 116
A-1020 Wien
+43 (0)1 72801520
www.schweizerhaus.at

# VOM CALAFATI BIS ZUR LILIPUTBAHN

## Prater Wien in der Leopoldstadt

Besungen, bespielt und besucht wurde der Prater in Wien, seitdem Kaiser Joseph II. den einstigen Auenwald 1766 zur allgemeinen Benutzung freigab. *Der dritte Mann* aus der Feder von Graham Green war Gast und machte das Riesenrad zur Weltattraktion, James Bond betrat ebenfalls das berühmteste Fahrgeschäft und schoss seiner Dame mit sicherem Finger am Abzug einen Teddybären. Viele wollen es ihnen bis heute gleichtun.

Programmpunkt jedes Wienaufenthalts ist ein Ausflug auf den Prater, das ständige Vergnügungsfest mit allerhand Attraktionen. Mittlerweile hat sich gegenüber dem Riesenrad sogar die Wiener Dependance des Londoner *Madame Tussauds*-Wachsfigurenkabinetts dazugesellt. Doch davor steht eine ältere und für die Wiener bedeutendere Skulptur als die des Touristenmuseums. Am imposant gestalteten Eingangstor zum Areal überblickt eine Statue von Basilio Calafati, Zauberer und Personifikation des Wurstelpraters, die ankommenden Massen. Der griechischstämmige Magier und Schausteller gründete auf dem Gelände geschäftstüchtig mehrere Karussells und Salons. Spätestens 1980 machte der Liedermacher Peter Cornelius ihn mit seiner gleichnamigen Hymne unsterblich.

Noch heute dreht sich am Prater alles um sich selbst beziehungsweise um das Vergnügen. Ein Jugendstilringelspiel zieht gemächlich in luftiger Höhe seine Runden, modernere Fahrgeschäfte locken mit mehr Umdrehungen. Traditionalisten bevorzugen die Liliputbahn hinein in eine Miniaturalpenwelt. Das Riesenrad steht für sich und kann mittlerweile sogar für ein Dinner während der Rundfahrt gebucht werden. Aber auch ohne Abendessen gehört der Blick aus fast 65 Metern Höhe seit der Errichtung der Attraktion 1827 dazu. Fragen Sie den *Dritten Mann*. Seit nun mehr als 250 Jahren trifft man sich am Prater zu Spaß, Spektakel und Sensation. Was bereits Calafati und James Bond gefallen hat, kann bis heute begeistern.

Prater-Saison ist von März bis Oktober. Kulinarischer Treffpunkt ist das Schweizerhaus mit seinen als Stelzen bezeichneten Schweinshaxen.

84

**Wiener Stadtpark**
Parkring 1
A-1010 Wien
www.wien.gv.at

**Restaurant Steirereck**
Am Heumarkt 2A
A-1030 Wien
+43 (0)1 7133168
www.steirereck.at

# POSIEREN MIT DEM WALZERKÖNIG

Wiener Stadtpark

Wien ist an Gärten und Grün nicht arm. Auch entlang der Donauinsel finden sich überall Oasen, die ein Gegenprogramm zur Hektik in der Altstadt und zwischen den Prachtbauten bieten. Der Stadtpark sticht besonders hervor, da er neben Teichen und Ruhebänken die Denkmäler für die musikalischen Größen Wiens beheimatet.

Man muss sich schon anstellen, um ein Selfie mit dem Walzerkönig zu schießen. Beim Geige spielenden Johann Strauss tummeln sich die Besucher, ist die vergoldete Statue doch eines der Wahrzeichen der Musikmetropole. Schließlich hat der Komponist den Donauwalzer im Dreivierteltakt ersonnen, der alljährlich das Neujahrskonzert der Wiener Philharmoniker zusammen mit dem Radetzkymarsch beschließt und der zugleich flussauf und flussab gespielt wird. Auch anderen Tonkünstlern wie Anton Bruckner oder den Operettenmeister Franz Lehar und Robert Stolz begegnet man bei einem Spaziergang durch den Park.

Die im 19. Jahrhundert entstandene Landschaftsanlage erinnert ebenso an große Söhne der Stadt, wie er ihre Söhne und Töchter zu einer Auszeit einlädt. Im ersten Bezirk zwischen Heumarkt und Parkring gelegen, kommt man bei jedem Stadtbummel daran vorbei. Zufällig oder mit Bedacht. Man kann sich auf den breiten Baumästen ausruhen, die so mancher als naturgegebene Liege vor dem Kurhaus nutzt. Sonnenhungrige kommen auf dem Areal ebenso auf ihre Kosten wie kraxelnde Kinder und Flanierende. Gourmets aus aller Welt pilgern zudem des Steirerecks wegen in den Stadtpark. Am angrenzenden Ufer des Flusses Wien steht ein Genusstempel von internationalem Ruhm und mit zwei Michelin-Sternen. Gutes Urlaubsgeld und Reservierung sind vonnöten. Die Grünflächen hingegen ermöglichen ein kostenloses Picknick und ein Tête-à-Tête mit dem Walzerkönig noch dazu.

Bekommt man von den Wiener Musikern nicht genug, liegt die Staatsoper nicht weit, die dank der allabendlichen Stehplatzkarten, für die sich jeder anstellen kann, Operngenuss auch dem kleinen Geldbeutel ermöglicht.

85

**Hotel Meliá Vienna**
Donau-City-Straße 7
A-1220 Wien
+43 (0)1 901042003
www.melia.com

# DER ZEIT VORAUS SEIN

Hotel *Meliá Vienna* in der Donaucity

Mit den Wiener Wolkenkratzern ist das so eine Sache: Während sich rund um den Globus Meldungen über neu eröffnete Gebäude der Superlative überschlagen, scheint man an der schönen blauen Donau bewusst gemächlich nach Höherem zu streben. Frei nach dem Aphorismus »Hier passiert alles wie sonst auf der Welt, nur 50 Jahre später« gibt es bis heute nur wenige Bauten, die den geliebten »Steffel« in den Schatten stellen könnten.

Umso imposanter wirkt der vom Architekten Dominique Perrault entworfene *Donau City Tower 1*, der mit seinen stolzen 250 Metern seit 2014 die Metropole überragt. Wer neugierig ist und damit liebäugelt, das bunte Treiben in der Metropole mal von oben zu betrachten, dem sei der Aufenthalt im Hotel Meliá empfohlen.

In unmittelbarer Nähe zum *Austria Center Vienna*, dem bedeutendsten Konferenzzentrum Österreichs, und nur wenige Meter vom Büro der Vereinten Nationen (UNO) entfernt, eröffnet sich ein spektakulärer Blick auf die traditionellen und modernen Seiten der ehemaligen Reichshaupt- und Residenzstadt. Erleben darf man das Panorama bei allen Annehmlichkeiten eines Fünf-Sterne-Hotels, dessen Zimmer bis in das 15. Stockwerk reichen. Die Räume wissen durch deckenhohe Fenster, zeitgemäße Einrichtung mit klaren Formen und allem technologischen Komfort zu gefallen. Fitnesscenter, hochklassige Restaurants und ein 24-Stunden-Zimmerservice runden das Wohlfühlangebot ab.

Ausgefallen wird es freilich im 57. der 60 Stockwerke: Auf dieser Etage kann man im *57 Restaurant* nicht nur vorzüglich auf Topniveau speisen, sondern in der angeschlossenen *57 Lounge* zudem hervorragend entspannen. Spätestens dann wird klar: An diesem Lieblingsplatz ist man der Wiener Zeit wohl gute 50 Jahre voraus.

Handtuch und Badehose nicht vergessen! Gleich ums Eck befindet sich die Donauinsel, das größte Erholungsgebiet Wiens.

86

**Naschmarkt**
A-1060 Wien
www.wien.gv.at

**Wiener Secession**
Friedrichstraße 12
A-1010 Wien
+43 (0)1 5875307
www.secession.at

## EINMAL UM DIE WELT PROBIEREN

Naschmarkt in Mariahilf

Wie es damals wohl gerochen haben mag? Schließlich lag an diesem Ort vor 1780 noch ein Asche- und Mistplatz. Wo einst Abfälle abgeladen wurden, dahin zog im ausgehenden 18. Jahrhundert ein multikulturelles kulinarisches Kleinod. Es entstand der größte innerstädtische Markt in Wien, der über die Jahrzehnte gewachsen ist und neben Essen und Trinken Antiquitäten, Trödel, Kleidung und Küchenartikel feilbietet.

Mittlerweile vermischen sich wohligere Gerüche von den Ständen der Gewürzhändler, den Obstauslagen und Imbissbuden mit denen der Fischverkäufer am Rand des Marktes. Überall schallt es: »Hallo, liebe Leute, probieren?«, und man greift am besten zu. In Honig eingelegte Hibiskusblüten, mit Sesam gebrannte Mandeln. Süß, sauer, salzig. Alles im Angebot. Lashin beschwört, dass es bei ihm die besten ägyptischen Falafel und gleich gegenüber die leckersten Baklavas gibt. Nach dem Kosten glaubt man ihm. Mit gutem, am besten nicht prall gefülltem Magen geht es weiter zu Antipasti, Käse und Wein.

Viele Wiener sitzen beim Frühstück oder einem entspannten G'spritzten nach dem Markteinkauf zusammen. Internationale Händler beraten internationales Publikum. Als Tourist kann man sich mit einer Jause oder kulinarischem Mitbringsel eindecken, flanieren, degoutieren, feilschen und sich Appetit holen. Die Wiener kaufen auf dem Markt wiederum alles, was sie für ihr Abendessen benötigen. Dadurch besticht der ehemalige Viktualienmarkt als Einkaufsadresse für frischeste, hochwertige Ware bei Einheimischen und Gästen mit Tradition und Charme. Bei über 100 Ständen und mittlerweile – dank verlängerter Öffnungszeiten – ganztägigem Gastronomieangebot fällt die Auswahl schwer. Doch was ist schöner, als sich von verschiedensten Geschmäckern und Düften verführen zu lassen?

An der Nordspitze des Naschmarktes gelangt man gleich zur Wiener Secession mit dem berühmten Beethovenfries von Gustav Klimt als Werk des Jugendstils.

87

**Donauinsel**
Inselinfo – Infocenter
auf der Donauinsel
Donauinsel
A-1220 Wien
+43 (0)1 400096500
www.wien.gv.at
www.donauinselfest.at

# REIF FÜR DIE INSEL SEIN DÜRFEN

Donauinsel

Egal wie man zur Sozialdemokratischen Partei Österreichs steht – ihre Wiener Dependance muss man mindestens einmal im Jahr loben. Seit 1984 veranstaltet sie das berühmte Donauinselfest, das der Stadt mit mehr als drei Millionen Besuchern den Superlativ des größten Musikfestivals der Welt beschert. Doch selbst wenn nicht zu internationalen Stars gerockt wird, ist die rund 21 Kilometer lange Donauinsel einen Besuch wert.

Auf dem Eiland werden Überschwemmungsprävention, Umweltschutz und Freizeitangebot hervorragend miteinander kombiniert. Die Insel wurde zwischen 1972 und 1988 künstlich angelegt mit dem Ziel, einen wirksamen Hochwasserschutz für Wien zu schaffen. Dabei entstand ein Gerinne parallel zur Donau, welches geflutet werden kann und somit Wassermassen an der Stadt vorbeileitet. Das aufgeschüttete Land wurde dabei nach den Wünschen der Bevölkerung gestaltet. Als riesiges Fahrrad- und Naherholungsgebiet bietet es unzählige Grillgelegenheiten, Sport- und Trampolinanlagen, Joggingstrecken, Kletterparks, Wildwasserarenen, Badebereiche, Skaterstrecken, Spielplätze, Hunde- und zwei FKK-Strände mitten in der Stadt. Hinzu kommen zahllose Einkehrmöglichkeiten mit leckeren Köstlichkeiten für jeden Geschmack und Geldbeutel. Besonders spektakulär ist das schwimmende Bertha-von-Suttner-Gymnasium, eine Schule auf zwei Booten, die am Ufer vor Anker liegen.

Doch die Donauinsel wäre nicht typisch wienerisch, würde sie nicht darüber hinaus unzählige, bedachtsam geschaffene ökologische Nischen beheimaten, in denen sich Hasen, Rehe und sogar Biber verstecken. Und mindestens ebenso viele lauschige Platzerl im Schatten der mehr als 1,8 Millionen Bäume, die zum entspannten Betrachten des bunten Treibens einladen.

Neben dem Donauinselfest finden das ganze Jahr über Musikveranstaltungen statt. Kombinieren Sie einen Badetag mit einem Konzertbesuch am Abend! Die Donauinsel ist über 15 Brücken sowie mit dem ÖPNV gut zu erreichen.

88

Stephansdom Wien
Stephansplatz 3
A-1010 Wien
+43 (0)1 515523530
www.stephanskirche.at

## … zu Dom

### Stephansdom

Diese Lieblingsplatzreise findet ihren Endpunkt an der Kirche schlechthin in einer Stadt mit vielen beeindruckenden Gotteshäusern. Steht man am »Steffl«, wie der Stephansdom liebevoll von der Wienern genannt wird, wandern die Augen automatisch die Fassade entlang nach oben. Allein die Größe der Kirche beeindruckt. Das kunstvolle Dach jedoch setzt dem imposanten Bauwerk im übertragenen Sinne die Krone auf.

Gut sichtbar prangt am Nordteil der Adler als Wappentier der Republik Österreich neben dem Monogramm von Kaiser Franz Joseph. Im Zickzackmuster sind daneben auf der Südseite farbenfrohe Dachziegel aus Mähren angebracht. Ganz oben, im Nordturm, läutet die »Pummerin« zu besonderen Anlässen. Als größte Glocke Österreichs stellt sie einen weiteren Superlativ für den Wiener Dom auf. Wie der »Steffl« wird auch die »Pummerin« von der Bevölkerung in Volksliedern besungen und gewürdigt. Schließlich steht die Kirche für eine bewegte Geschichte im Herzen der Stadt.

Die Kathedrale hat als wichtiges Zeugnis der gotischen Epoche in Österreich allen architektonischen Moden zumindest von außen getrotzt. Augenfällig sind die Türme, die zunächst rund, weiter oben achteckig in den Himmel ragen. Der Nordturm konnte nicht vollendet werden, weil der Baumeister – der Legende nach – seine Tochter Maria nicht mit dem Teufel ausgehen lassen wollte.

Heute gehen Besuchermassen ein und aus, besichtigen den teils frei zugänglichen Innenraum samt Kapellen und Katakomben. Begrüßt werden sie am Eingang von als Mozart verkleideten Promotern für Klassikkonzerte. Es wimmelt rings um und im »Steffl«. Darum lohnt ein Blick aus etwas Entfernung oder eine Pause auf einem der stilleren Kirchenbänkchen. Abseits des Trubels kommt man zur Ruhe nach 88 ereignisreichen Lieblingsplätzen. Angekommen im Herzen Wiens nach einer eindrücklichen Reise entlang der blauen Donau. Einer Reise von Dom zu Dom.

Bei einem kleinen Stadtspaziergang um den Stephansdom bekommt man in der Goldschmiedgasse die Chance auf eine ruhigere Aussicht auf die Kirche und ihr Dach.

Dürnstein an der Donau